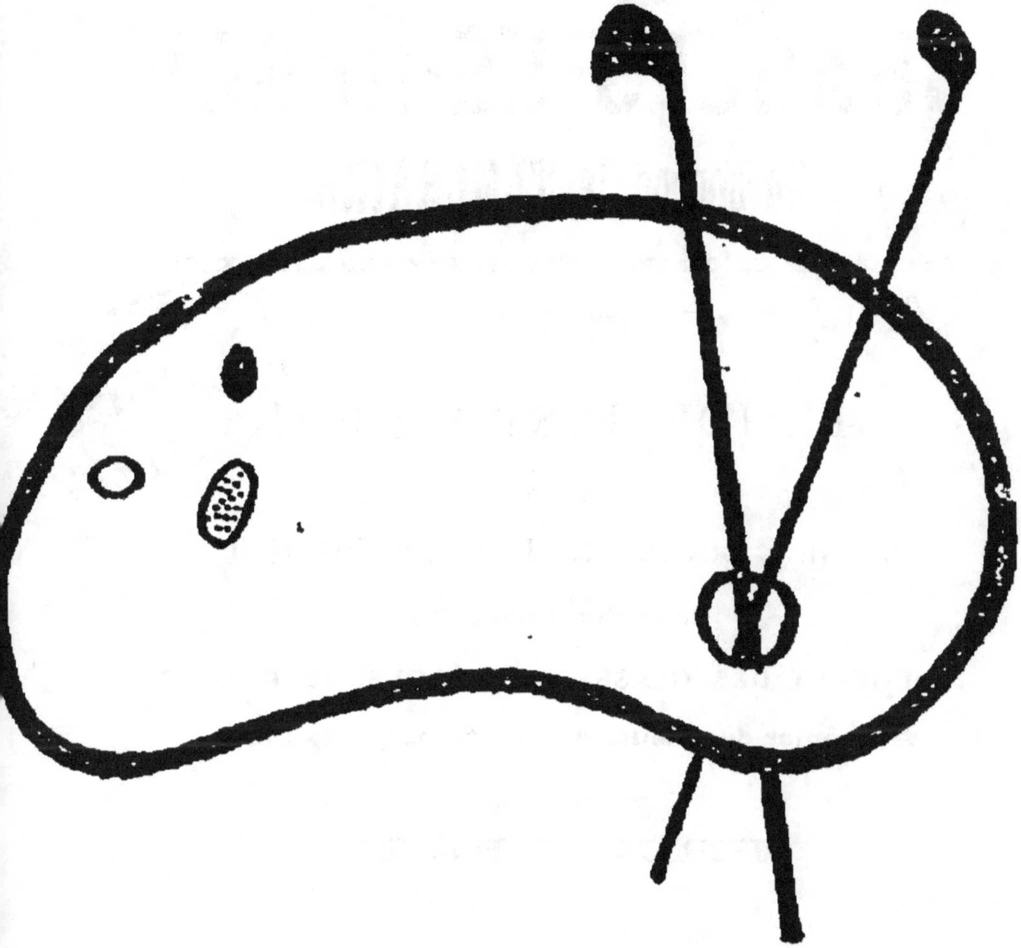

**COUVERTURE SUPERIEURE ET INFERIEURE
EN COULEUR**

CHARLES-LE-HARDI

Surnommé le TÉMÉRAIRE

COMTE DE CHAROLLAIS

ÉTUDE HISTORIQUE

PAR

L'Abbé Louis-M.-J. CHAUMONT

Chanoine honoraire

EX-PRÉFET DES CLASSES A L'ÉCOLE DE RIMONT

Aumônier des Sœurs de Saint-Joseph de Cluny

PRIX : 1 Fr. 25

CHAROLLES

IMPRIMERIE DE L' « ÉCHO DU CHAROLLAIS »

1904.

CHARLES-LE-HARDI

Dit le Téméraire

COMTE DE CHAROLLAIS

I

Au même titre que l'ancien royaume des Asturies en Espagne, que le pays de Galles en Angleterre et que le Dauphiné en France, le comté de Charollais fut, sous le gouvernement des ducs Valois de Bourgogne, l'apanage personnel de l'héritier présomptif de leurs états. Ce seul fait montre assez en quelle estime les *grands ducs d'Occident* tenaient notre petite province. C'était la plus noble mouvance de leurs possessions, le fleuron le plus précieux de leur couronne. L'histoire de Bourgogne a gardé le nom des deux comtes de Charollais qui ont projeté de leur gloire sur notre contrée : Philippe-le-Bon, fils de Jean-sans-Peur et son propre héritier au trône de Bourgogne, Charles-le-Hardi ou le Guerrier, plus connu sous le nom de *Charles-le-Téméraire*. La présente étude aura pour objet les actions mémorables de ce prince, en ce qui concerne plus particulièrement le Charollais.

On sait que ce pays, jadis habité par les Ambarres, fut compris, après la division de l'empire romain en préfectures, dans la seconde Lyonnaise et, dès les premiers temps du christianisme, dans le diocèse d'Autun. L'organisation du régime féodal rattacha d'abord le Charollais au Brionnais, puis au comté de Chalon dont il était la principale baronnie. Le duc Hugues IV, l'un des plus grands princes de la Bourgogne, ayant, en 1237, acquis les états de Jean-le-Sage, dernier comte héréditaire de Chalon, en détacha la châtellenie du Charollais et la donna, en 1272, à sa petite-fille Béatrix I, épouse de Robert, comte de Clermont, fils de saint Louis et souche de la maison royale de Bourbon. Robert eut de Béatrix deux fils : Louis qui fut fait duc du Bourbonnais et Jean, baron de Charollais. Ce dernier ne laissa à sa mort, en 1316, qu'une fille Béatrix II en faveur de laquelle la baronnie fut érigée en comté.

Philippe-le-Hardi, premier duc Valois de Bourgogne, acquit le Charollais, en 1390, des comtes d'Armagnac, héritiers de Béatrix II. Son successeur, Jean-sans-Peur, en fit l'apanage, nous l'avons dit, de Philippe-le-Bon et celui-ci le donna enfin à notre Charles-le-Téméraire qui porta le nom de comte de Charollais de 1433 à 1467.

Ce prince naquit à Dijon, le 19 novembre 1433. La duchesse Isabelle de Portugal, sa mère, voulut le nourrir de son lait, contrairement à l'usage reçu ; car le roi de Portugal avait prédit à sa fille, en la quittant, qu'elle conserverait seulement l'enfant qu'elle nourrirait. Isabelle était la troisième femme de Philippe-le-Bon. C'est à l'occasion de ce mariage, célébré à Bruges avec une pompe inouïe, que ce prince prit la devise : « Aultre n'aurai » et qu'il institua l'ordre fameux de la Toison d'or. Le fils et héritier du grand duc de Bourgogne en reçut le collier en même temps que le titre de comte de Charollais, le jour de son baptême, « où il fut tenu par Charles, comte de Nevers, qui lui imposa son nom et par le seigneur Antoine de Croy. »

Dès son bas âge, le jeune Charles fit concevoir ce qu'il serait un jour, un guerrier intrépide. « Tout son plaisir consistait à monter à cheval, à faire des armes, à danser, à s'escrimer et à prendre tous les autres exercices de la noblesse. » (Faber).

En 1451, il venait d'avoir ses dix-huit ans ; par

les soins de son gouverneur, le ber d'Auxy, il
était devenu un prince de grandes espérances et
montrait les plus belles qualités. Quoiqu'il fut
né avec un caractère ardent, il savait se montrer
doux et courtois. Il redoutait son père, mais il
craignait plus Dieu encore. Que ne s'est-il toujours
inspiré de la foi dans sa conduite! « Son tendre était
pour la mère du divin Sauveur, et pour saint
George, dit Faber. Il avait un tel respect pour le
saint sacrifice de la messe qu'il ne manquait pas de
donner la réprimande aux prêtres qui la célébraient
trop vite, à cause des froidures ». « Jamais, ajoute
un autre historien, il ne jurait par blasphème, ce
qui était fort rare en ce temps. Il avait bien étudié,
aimait à lire et à se faire lire, retenant ce qu'il
avait entendu, surtout les belles histoires de chevalerie... Son plus grand plaisir était la chasse à
l'oiseau, quand elle lui était permise. Il tirait de
l'arc comme le meilleur archer; c'était aussi un
bon joueur de barre à la façon de Picardie et il
jetait son homme par terre plus loin qu'aucun
lutteur. Il jouait aux échecs mieux que personne
de son temps. Pour la danse, les mascarades et
autres momeries, c'étaient des divertissements qui
n'étaient pas trop de son caractère et il n'était pas
adonné à de telles oisivetés... La musique lui plaisait plus que toute autre récréation; il y excellait et
savait chanter chansons et motets. »

Il fit ses premières armes, le 1er novembre de l'année 1451, à Bruxelles, où le duc son père fit donner en son honneur un brillant tournoi. Il rompit dix-huit lances, dit-on, donna et reçut de fortes atteintes, fit bien son devoir en tout. « Sans cesse il fut encouragé par les applaudissements de l'assemblée et par les hérauts qui criaient : Mont-joie ! » Le soir, les dames lui décernèrent le prix.

Mais à cette époque, le comte de Charollais était déjà veuf de sa première femme, Catherine de France, fille de Charles VII, qu'il avait épousée en 1439. En 1453, le duc son père le fiança avec Isabelle de Bourbon, sa cousine. La duchesse aurait désiré une autre alliance ; elle dut, comme Charles, se soumettre aux ordres de Philippe-le-Bon ; Mademoiselle de Bourbon avait du reste été élevée dans sa maison et était aimée de tous à cause de sa charité et de sa bienveillance. Du moment qu'elle lui fut donnée pour épouse, M. de Charollais lui porta aussitôt le plus grand et le plus fidèle attachement. « Ce fut, dit de Barante, un exemple bien rare et fort admiré dans un temps où les princes respectaient si peu la foi du mariage et où chacun se faisait gloire de tromper les femmes. »

Charles en eut sa fille unique, Marie de Bourgogne, qui devait porter un jour sa riche succession à la maison d'Autriche. Les fêtes données à propos de son nouveau mariage se célébrèrent à Lille ;

elles furent non moins splendides que les précédentes. Le comte de Charollais avait la passion des tournois ; il aimait toute sorte de mouvement, de fatigue, de peine comme s'il eut été un pauvre gentilhomme qui dût faire sa fortune. Ce n'était plus les histoires de chevalerie qu'il se faisait lire, mais l'histoire de Rome qui lui semblait remplie d'enseignements, surtout pour l'art de la guerre. Il veillait fort avant dans la nuit, tandis que le sire d'Imbercourt, qui lisait fort bien, lui faisait ces lectures puisées tantôt dans Tite-Live, tantôt dans Tacite. « Il était aussi bon compagnon et bien venu des femmes, mais pour cela n'était pas moins exact au service de Dieu, observant au moins tous les jeûnes ordonnés par l'Eglise ; fort charitable et donnant toujours l'aumône aux pauvres sur son passage. »

II

On sait que le dauphin Louis, par suite de mésintelligences avec son père, le roi Charles VII, était venu se réfugier à la cour de Bourgogne, où Philippe-le-Bon lui donna la plus généreuse hospitalité. Le roi trouva mauvais que le duc traitât si bien un fils rebelle et lui prédit « qu'il nourrissait un renard qui mangeroit un jour ses poules. »

L'événement ne prouva que trop combien le vieux monarque avait raison. Pendant les cinq ans que le Dauphin resta à Genappe, près de Bruxelles, il sema la division dans la famille de son bienfaiteur, en séparant le père du fils.

Celui-ci cependant lui témoignait toutes sortes d'égards. C'est ainsi qu'à la naissance de sa fille, le comte de Charollais s'en alla respectueusement à Genappe prier le Dauphin d'être le parrain de son enfant et lui donna le nom de Marie, en souvenir de la reine Marie, épouse de Charles VII.

Longtemps contenue la discorde éclata entre le duc de Bourgogne et le comte de Charollais à propos du choix que ce dernier avait fait du sire d'Emeries, Antoine Rolin, comme chambellan pour remplacer ses anciens gouverneurs le ber d'Auxy et le seigneur de Formelles. Philippe-le-Bon voulait que cette dignité fût conférée au sire de Sempy, qui appartenait à la famille de Croy. Or, le comte de Charollais avait ses raisons pour se défier des Croy. Il s'obstina donc à ne point changer l'ordonnance qu'il avait rendue. Le duc le fit appeler et lui enjoignit de rapporter cette nomination. Charles trouva son père à l'oratoire du palais ; la duchesse y était aussi. « Donnez-moi votre ordonnance, dit Philippe-le-Bon, et l'ayant saisie, il la jeta au feu. Maintenant, allez-en faire une nouvelle. — Je n'en ferai rien, répliqua le comte de Charollais. Je ne me laisserai pas gouverner par les Croy comme vous. Il y a trop longtemps qu'ils font de vous à leur volonté. »

Le duc de Bourgogne entra dans une si grande colère qu'il chassa son fils de l'oratoire, lui ordonna de quitter ses états, et le poursuivit, assure-t-on, l'épée à la main. La duchesse s'interposa ; elle arrêta son mari et prit la défense de son fils. Il y eut, paraît-il, entre la mère et le fils échange de telles paroles que Philippe en fut tout effaré. Ne sachant ce qu'il faisait, il descendit de sa chambre, demanda un cheval et s'en alla tout seul, au gré de sa monture.

Le soir, il ne revint pas ; ses serviteurs se

mirent à sa recherche, mais ne le trouvèrent point. Isabelle était au désespoir; le dauphin Louis, cause de toutes ces mésintelligences et qui était resté pour les fêtes du baptème de Mademoiselle de Bourgogne, sa filleule, avait plus d'affliction que tout autre. — « Que pensera-t-on en France, répétait-il? On dira que je porte malheur partout et que je ne puis venir en aucun lieu sans que bientôt il n'y éclate quelque discorde et quelque bruit. »

Il se mit donc à parcourir toute la nuit les sentiers de la forêt pour découvrir son oncle de Bourgogne. A la fin on apprit au palais que, se voyant égaré, le duc avait aperçu de loin la lumière d'une cabanne de charbonnier, qu'il y était entré et que cet homme l'avait conduit à une maison de la vénerie. Ce fut dans ce réduit que Philippe-le-Bon coucha et qu'on le retrouva le lendemain. Les uns se félicitèrent de l'avoir retrouvé après tant d'angoisses, les autres lui firent des remontrances et soutinrent que M. de Charollais était dans son droit. Quant à lui, il se plaignit surtout de la duchesse qui avait pris le parti de son fils et qui avait ajouté qu'elle le suivrait si on le chassait de Flandre.

Lorsque le maréchal de Bourgogne eut rapporté à Isabelle les reproches de son mari, elle en fut fort affligée. — « Comment devais-je faire, dit-elle?

Je connaissais Monsieur mon mari pour un chevalier très violent ; je le voyais courir sur mon fils, je me suis hâtée de le faire sortir. Il faut bien que Monsieur me pardonne ; je ne suis qu'une étrangère ici ; je n'ai que mon fils qui me console et me soutienne ». Le comte de Charollais s'en était allé à Termonde et son père restait confiné à Bruxelles.

A la fin cependant, le Dauphin voulut s'employer à réconcilier le père et le fils. Les conseillers et Toison d'or se rendirent plusieurs fois de sa part à Termonde auprès de M. de Charollais. Le chancelier Rolin donna aussi de sages avis au jeune comte qui les reçut avec déférence. De son côté, Philippe-le-Bon, craignant de pousser Charles à quelque extrémité, se contenta d'exiger qu'il renvoyât de sa maison deux écuyers qui passaient pour avoir beaucoup d'influence sur lui. Tous les deux se réfugièrent en France ; l'un entra dans la maison du roi, l'autre se tint à Paris et ce fut par leur moyen que le Dauphin apprit ce qui se passait de plus secret dans les conseils de son père.

Le duc de Bourgogne s'employait aussi de tout son pouvoir à rapprocher Charles VII du dauphin Louis. Il commit à cet effet Jean de Cluny et Toison d'Or, mais sans grands résultats.

Plusieurs de ses conseillers et des meilleurs ne voyaient pas de bon œil le fils du roi séjourner dans les états du duc de Bourgogne et celui-ci en jugeait de même; toutefois il savait n'en rien laisser transpirer. Philippe-le-Bon était la prudence même. Il continua donc de combler le fugitif de ses soins et de ses prévenances; il augmenta même la pension qu'il lui servait, quand la dauphine Charlotte de Savoie vint rejoindre son époux à Genappe. Le 17 juillet 1459, cette princesse accoucha d'un fils dont Philippe voulut être le parrain. Les présents du duc de Bourgogne furent magnifiques, selon son habitude ; il donna à l'accouchée une vaisselle d'or et d'argent telle que dans leur exil le Dauphin et sa femme étaient loin de l'avoir.

Après la cérémonie, le dauphin témoigna à son oncle combien il était touché de ses bontés. « Je ne pourrais, je ne saurais le reconnaître sinon qu'en retour je vous donne mon corps, le corps de ma femme et le corps de mon enfant. »

Le comte de Charollais se montrait à la vérité moins empressé pour être agréable au fils du roi. Un jour qu'il chassait avec lui, le Dauphin s'égara dans la forêt et Charles rentra seul au château. Philippe courroucé lui ordonna de ne pas reparaître devant lui sans avoir retrouvé son compagnon. Le comte retourna donc au bois et passa avec son escorte une partie de la nuit à courir tous les sentiers, des flambeaux à la main. Enfin le Dauphin revint, guidé par un paysan auquel le duc remit une magnifique récompense. C'est ainsi qu'en toute occasion il prouvait sa déférence pour le fils de son suzerain. Mais plus Philippe était bienveillant pour le fugitif, plus le roi de France s'en trouvait offensé : la guerre fut sur le point d'éclater. Dans son ardeur pour les combats, le comte de Charollais envisageait déjà cette éventualité avec une secrète joie. On n'avait pas assez d'éloge à la cour sur la bravoure dont il avait fait preuve à la bataille de Grave, livrée contre les Gantois quelques années auparavant (1453).

Le duc de Bourgogne n'avait pas voulu exposer son fils unique et sans lui dire qu'une action décisive allait s'engager, il l'avait dépêché à Lille prendre des nouvelles de sa mère. Quand le jeune prince vit qu'elle était en bonne santé, il comprit qu'on l'avait éloigné à dessein. — « Ah ! dit-il, puisque mon père est au combat, j'y peux bien être. Puisque c'est pour garder mon héritage qu'il s'expose aux coups de l'ennemi, ce serait lâchement fait à moi de ne m'y point trouver. Je promets à Dieu d'y être, s'il est encore possible ». Il s'arrache des bras de sa mère et de son épouse qui veulent le retenir et arrive au camp juste au moment où le combat s'engageait. Le duc venait de crier l'alarme en invoquant Dieu et Notre-Dame de Bourgogne. Charles, monté sur son cheval de guerre, ne le quitta pas de la journée. On sait que sur le soir deux mille Gantois s'étaient retirés dans un pré entouré d'eau de tous côtés. Philippe n'hésita pas à les y attaquer et franchit le fossé accompagné seulement de quelques chevaliers. Le comte de Charollais presse à grands cris les gens d'armes d'aller à son secours et lui-même passe le premier la rivière. Son exemple, la blessure qu'il reçoit au pied entraînent les cavaliers et décident de la victoire.

Les hommes de guerre se réjouissaient donc fort des dispositions belliqueuses de l'héritier de Bourgogne. Ils saluaient à l'avance son avènement au trône et souvent prenaient fait et cause pour lui dans les démêlés de la cour, à propos des Croy principalement.

Le Dauphin avait eu, au mois d'août 1461, son second enfant, la princesse Anne, si célèbre ensuite sous le nom de dame de Beaujeu. De grandes fêtes eurent lieu à cette occasion. Philippe-le-Bon demanda aux états d'Artois une aide triple de l'aide ordinaire, en exposant comme motif principal les dépenses qu'il lui fallait faire pour entretenir la maison de Louis et de la dauphine sa femme. Les députés ne se laissèrent pas convaincre et n'accordèrent que la moitié de la somme demandée, ce qui mécontenta fort le duc de Bourgogne.

Mais ce qui l'affligeait le plus était la haine que M. de Charollais portait aux sieurs de Croy. Charles les rendait responsables des dépenses toujours plus considérables de son père. Ne pouvant plus contenir son ressentiment, il vint demander au duc une audience afin qu'il put lui dire ce qu'il avait sur le cœur. Maître Girard Ourri, principal conseiller, parla le premier, sans parvenir cependant à persuader Philippe, quoiqu'il passât pour fort habile.

Le comte de Charollais mit alors un genou en terre et, sans se troubler, reprit en un fort beau langage l'accusation contre le seigneur de Croy. L'arrêtant net, le duc se borna à dire à l'inculpé qui était présent : — Faites en sorte que mon fils soit content de vous. Le sire de Croy voulut alors s'excuser et implorer son pardon de Charles.

— Quand vous aurez réparé le mal dont vous êtes coupable, lui répliqua celui-ci, je me souviendrai du bien que vous avez fait.

Le comte de Charollais quitta son père avec toutes les apparences de l'amour et du respect et revint en Quesnoy auprès de sa femme. De perfides courtisans essayèrent de le persuader d'imiter le Dauphin et, puisqu'il ne pouvait obtenir bonne justice contre ses ennemis, de se retirer à la cour de France. Mais Charles résista très sagement à ces mauvais conseils. Il était aux côtés de son père, le grand-duc d'Occident, au mois d'août 1461, quand il fit son entrée à Reims pour le sacre de Louis XI.

III

r'hilippe-le-Bon et son fils parurent à la cérémonie, entourés d'un merveilleux éclat au milieu
de leurs vassaux ; on eut dit que c'étaient eux qui
en faisaient toute la pompe et que le nouveau roi
était encore à la cour de Bourgogne, aux frais du
grand-duc.

Nous les retrouvons en tête du cortège qui alla
au devant de Louis XI, lorsque ce prince fit son
entrée à Paris. Philippe devint en peu de jours
l'idole des Parisiens. Il donnait aux églises, aux
hôpitaux, aux pauvres, à tous. On venait à son
hôtel admirer ses superbes tapisseries de Flandre
et chaque jour de grands banquets étaient offerts
aux dames, demoiselles et bourgeois de la ville.
Des joutes fort belles étaient célébrées où combat-
taient le comte de Charollais et ses gens. Charles et
cinq de ses amis en soutinrent une contre tous
venants. Jamais on n'avait vu de plus riches ar-
mures, ni de plus brillants chevaliers. Les habitants
de Paris retrouvaient à ces spectacles toutes leurs
anciennes sympathies pour la maison de Bourgogne.

On remarqua aussi que Louis XI, durant les fêtes données en son honneur, témoigna une déférence extrême pour son oncle, le grand-duc d'Occident, mais sans se croire obligé de suivre son avis dans l'organisation de son gouvernement. Il affectait même une certaine opposition dans la manière de se vêtir; il aimait la simplicité et se montrait ordinairement avec une robe de satin blanc, un pourpoint cramoisi et un chaperon découpé, sans aucune pierrerie.

Philippe-le-Bon mettait au contraire chaque jour quelques joyaux différents, tantôt une ceinture de diamants, tantôt un rosaire de pierres précieuses, d'autres fois un bonnet ou une aumusse qui en étaient tout brodés. A son hôtel on admirait surtout une tapisserie d'Arras qui représentait l'histoire de Gédéon. Il l'avait fait faire en l'honneur de Gédéon, car il disait que c'était de Gédéon et non de Jason qu'il avait pris l'idée de son ordre. En réalité, l'emblème adopté était la glorification de l'industrie lainière de la Flandre et les tisseurs de cette province se montraient très fiers de l'honneur rendu à leur art. Le comte de Charollais, sans déployer autant de faste, faisait bonne figure dans ces représentations. Le peuple de Paris se portait à sa rencontre, comme à celle de son père, chaque fois qu'il sortait. Louis XI faisait montre à l'égard du jeune prince d'une amitié qui paraissait sincère, mais que certains trouvaient trop démonstrative pour être vraie. Il avait pris à son service un ancien écuyer du comte de Charollais, Guyot-Biche, que le vieux duc ne pouvait supporter en raison de son opposition aux Croy, et resté cher à Charles. Les fêtes de Paris touchaient à leur fin : Le roi manda ses gens et les membres de l'Université : « Voici mon oncle, leur dit-il, en leur présentant Philippe-le-Bon, le seul du monde à qui je dois le plus de reconnaissance : je tiens de lui ma vie et ma couronne. Je vous prie et vous commande de faire une procession générale où vous prierez pour lui, pour moi et pour le salut du royaume qu'il tient en grande part dans sa main. Il est mon père, mon sauveur : je veux que vous le disiez ainsi dans vos prières et vos sermons. » La procession eut lieu le 23 septembre 1461 ; elle fut splendide.

Quelques jours après, le duc de Bourgogne quittait Paris. A la porte Saint-Antoine, le capitaine de la Bastille vint lui en présenter les clés et le prier d'y mettre garnison de ses hommes d'armes en tel nombre qu'il voudrait. Philippe remercia le roi de cette délicate attention et se dirigea vers les Flandres par Compiègne et Arras, laissant à Paris et à chacune de ses étapes des preuves nombreuses de sa munificence. Après avoir pris congé de son père, le comte de Charollais s'éloigna à son tour de

Paris et se rendit en Bourgogne qu'il n'avait pas encore visitée. Il était né à Dijon, nous le savons; mais il avait passé toute son enfance à Gand, à Bruges ou à Bruxelles. Les chroniqueurs nous apprennent que le séjour de Charles fut de courte durée dans le duché et le comté de Bourgogne. Ils ne nous ont laissé aucun incident particulier de ce voyage. On sait seulement que le comte alla en pèlerinage à Saint-Claude. Passa-t-il en retournant près du roi, qui se trouvait à Tours, par son fief du Charollais?

On peut le présumer, puisque c'était son chemin pour aller prendre la route de la Loire ; mais nous ne savons rien de précis à cet égard. Tout le pays était encore en ce temps hérissé de châteaux-forts, et Charles se plaisait à prendre pied dans ces antiques demeures féodales. Les anciens comtes de Charolles avaient bâti au siège de leur puissance une forteresse souvent prise et reprise durant leurs guerres. L'une des tours a reçu le nom de Charles-le-Téméraire à la suite, sans doute, de son passage dans le Charollais en 1464 — ou d'un séjour plus long que ce prince y fit plus tard, lorsqu'il eut succédé à son père. Donnons à ce propos un mot rapide sur la situation de notre comté. Le Charollais, devenu en 1390 possession héréditaire des ducs de Bourgogne, avait conservé son ancienne division territoriale. Elle était basée sur ce que l'on nommait le *baronnage* du comte. Celui-ci, à l'exemple des grands vassaux, convoquait les barons et les chevaliers de son ressort au plaid ou grands jours qu'il tenait deux fois par an pour juger leurs différends. Pour avoir qualité de siéger à la cour du comté, les chevaliers devaient posséder une châtellenie s'étendant sur trois ou quatre paroisses; mais une fois admis au baronnage, le chevalier donnait à sa terre le titre et la prééminence de baronnie, avec le droit de transmission à ses descendants. On cite comme possédant cette distinction honorable les sires de Vaudrey, de Damas, de Digoine et de Joncy. Leurs terres devinrent ainsi les quatre anciennes baronnies du Charollais : Mont-Saint-Vincent, Lugny, Digoine et Joncy.

Mais revenons à notre héros. Louis XI fit le plus bienveillant accueil au comte de Charollais à son arrivée à Tours et lui donna le gouvernement de Normandie. Le roi et le comte se livraient avec passion au plaisir de la chasse. Un jour, Charles s'égara dans la forêt et ne rentra pas au château. L'ordre fut aussitôt donné de sonner les cloches dans tous les villages des alentours et d'allumer des torches aux clochers, en même temps que des courriers se lançaient sur toutes les pistes pour retrouver le prince. Louis XI entra dans une impatience qui grandissait de moment en moment. Il rongeait de colère le bâton qu'il avait à la main et fit vœu de ne boire ni manger avant d'avoir des nouvelles. Elles arrivèrent à onze heures du soir ; le sire de Crèvecœur apporta une lettre de M. de Charollais qui priait le roi d'être sans inquiétude à son sujet ; il avait trouvé un bon gîte et rentrerait le lendemain sain et sauf.

Charles retourna peu après en Flandre auprès de son père et prit sa résidence au Quesnoy.

IV

Une des causes qui mettaient Philippe-le-Bon en désaccord avec le comte de Charollais était la faveur qu'il témoignait à la maison d'York contre celle de Lancastre, durant la guerre des deux Roses. Isabelle de Portugal était issue de la branche lancastrienne et avait su gagner son fils à la cause de l'infortuné Henri VI. Ce dernier, on le sait, avait par sa mère le roi Charles VI pour aïeul. Mais le duc de Bourgogne s'était détourné loyalement de cette maison de Lancastre si fatale à la France et avait reconnu Edouard IV d'York, après avoir fait sa soumission à Charles VII. Le comte de Charollais se rendit peu à peu aux raisons de son père et, à la mort de sa seconde femme, il épousa Marguerite d'York, la propre sœur du roi Edouard (1465). Trois ans auparavant, l'intrépide Charollais avait failli, à la Cour de Bourgogne, succomber lui-même à une tentative d'empoisonnement, tramée contre sa personne par le premier valet de chambre du duc. Il demanda justice à son père qui l'accorda aussitôt. Le coupable, nommé Coustain, obtint de parler à M. de Charollais, avant d'être exécuté ; on ne sut pas quelles confidences il lui fit, mais on s'aperçut que presque à chaque parole le prince formait sur lui le signe de la croix, comme s'il eut appris quelque chose de grave ou de merveilleux.

Sur ces entrefaites, il eut connaissance des intrigues que Louis XI avait entamées avec les favoris du vieux duc, les Croy, au sujet des villes de la Somme, cédées à Philippe-le-Bon, sa vie durant, par le traité d'Arras (1435). A force d'adresse le roi avait obtenu, moyennant rachat, le retour à la couronne d'Amiens, d'Abbeville et de Saint-Quentin. C'était enlever les limites de la Flandre et porter une grave atteinte à la puissance des princes bourguignons. Charles le sentit vivement et entreprit aussitôt de rendre coup pour coup. Il venait de se réconcilier avec son père, à la suite d'un sermon donné à la cour pendant la semaine sainte. Les chevaliers de la Toison d'or s'étaient aussi interposés et Philippe avait assuré qu'il oubliait tout le passé.

De ce jour son règne était fini ; le gouvernement

de ses états passa aux mains du comte de Charollais. Un complot formidable se forma presque de suite contre le roi qui, malgré sa finesse, n'en sut rien. Plus de cinq cents princes ou seigneurs faisaient partie de cette ligue, nommée du *bien public*. Charles en était l'âme. Louis XI l'avait comme à plaisir poussé à la révolte; tout récemment encore n'avait-il pas tenté de le faire enlever par un de ses émissaires, le bâtard de Rubempré?

Aussi, tandis que le roi assemblait les États à Tours, le comte de Charollais tenait les siens à Bruxelles et publiait son ban de guerre auquel la noblesse de Bourgogne et de Flandre répondit avec empressement. En un instant, son armée fut sous les murs de Paris. Ses conseillers lui donnaient l'avis de s'en emparer; il y comptait de nombreux partisans gagnés par ses brillantes promesses et par les idées populaires que sa maison avait toujours représentées. Mais Charles se contenta de brûler les rôles des impôts dans les bourgs et villages et évita de vivre aux dépens des habitants; ses soldats payaient tout avec la plus grande exactitude.

Royaux et Bourguignons se rencontrèrent près du château de Montlhéry; jamais mêlée ne fut plus confuse. Le comte de Charollais resta maître du champ de bataille (16 juillet 1465) et put, comme il le souhaitait, opérer sa jonction avec son allié le duc de Bretagne. Le roi voulut à tout prix signer la paix ; jouant la confiance, il se rendit presque sans escorte au camp bourguignon et conclut à Conflans un traité par lequel il accorda tout ce qui lui était demandé. Charles rentrait en possession des villes de la Somme qui étaient pour lui la meilleure défense de l'Artois et qu'il ne voulait céder à aucun prix.

Mais Louis XI n'ayant, selon son habitude, tenu aucun des engagements qu'il avait signés à Conflans, la Ligue fut sur le point de se reformer. Le comte de Charollais, heureusement pour le roi, avait été obligé de se rendre en toute hâte dans le pays de Flandre. « Nul pays de la chrétienté ne connaissait un tel luxe ni une si grande dépense. L'orgueil des habitants était aussi porté au plus haut, il semblait qu'aucun prince ne fut assez bon pour eux... On trembloit, ajoute Comines, que l'heure ne fût arrivée où l'on allait payer bien cher l'oubli des bontés de Dieu, qu'on n'avoit reconnues qu'en se plongeant dans la volupté. »

À la nouvelle de la bataille de Montlhéry, des agents secrets de Louis XI répandirent le bruit que le comte de Charollais avait été fait prisonnier et poussèrent les Liégeois à la révolte. Philippe-le-Bon, affaibli par l'âge et les infirmités n'était pas en état de réprimer l'insurrection. Charles vola à son secours. Les rebelles avaient

pris pour enseigne l'effigie du comte de Charollais attachée à une potence et criaient : « Voilà le
fils de votre Duc, ce faux traître que le roi de
France a fait ou fera pendre.... » Il n'en fallait pas
autant pour exciter la fureur du Bourguignon.
Liège se soumit. Dinant, ville voisine, persista
dans sa révolte et prodigua l'insulte au duc Philippe et à son fils ; elle fut livrée au pillage ; le feu
détruisit ce qui avait échappé à la main rapace du
soldat (1466). Charles, cet orage apaisé, se rendit
à Lille, près de son père, et le détermina à venir à
Bruges pour sanctionner avec les princes de sa
famille et les seigneurs de ses états les dispositions
qu'il avait cru devoir prendre contre les machina-
tions perpétuelles ourdies par le roi. Le vieux duc
se fit mettre en bateau et suivit, pour aller à
Bruges, le cours des canaux et des rivières, tant
ses forces étaient épuisées !

C'est dans cette ville qu'il mourut, le 15 juin
1467. A la nouvelle que son père était gravement
malade, le comte de Charollais qui se trouvait à
Gand, monte à cheval et sans désemparer, sans
même regarder si ses écuyers pouvaient le suivre,
arrive au palais vers midi. Il court aussitôt à la
chambre où Philippe agonisait. Charles aimait
son père d'une vive affection ; il se jette à ses
genoux en sanglotant. — Donnez-moi votre béné-
diction, lui dit-il, et si je vous ai offensé pardon-

nez-moi. « Pour lors, ajoute le chroniqueur, le duc tourna un peu les yeux vers son fils, et sa main que le comte tenait dans les siennes sembla se serrer un peu. »

Lorsqu'il eut rendu le dernier soupir, Charles se précipita sur le lit avec désespoir ; il se tordait les mains et poussait de profonds gémissements. Il paraissait inconsolable et chacun de ses serviteurs s'étonnait qu'un homme dont l'âme avait toujours semblé si dure fut en proie à un pareil chagrin. La douleur du bon peuple de Bruges était non moins grande. Chacun se lamentait tant en public qu'en particulier et bientôt on ne vit plus dans les rues que gens vêtus de deuil. Les chevaliers, les écuyers, les nobles, les officiers du duc portaient la longue robe et le chaperon noirs. Les habitants de modeste condition avaient revêtu la robe de deuil descendant à mi-jambe. Il n'y eut nul besoin que les magistrats de la ville en donnassent le commandement pour que tous les métiers et confréries, même des gens de nations étrangères, prissent le deuil.

Philippe-le-Bon laissait de grands trésors, des bijoux sans nombre, des armes et des vêtements splendides. Tout fut remis à M. de Charollais qui était loin de compter sur tant de richesses. Ce fut un motif de plus pour qu'il donnât aux funérailles de son père une splendeur digne de sa mémoire et de sa puissance.

V

Donnons à la suite de l'historien de la Bourgogne (de Barante), quelques détails sur la cérémonie funèbre, dont Charles-le-Hardi avait réglé lui-même la belle ordonnance. « Seize cents hommes, vêtus de noir, portaient les torches. Il y en avait quatre cents de par le nouveau duc de Bourgogne, autant de la ville, de la commune du Franc et des métiers de Bruges. Ils marchaient par deux files, et au milieu s'avançaient neuf cents gentilshommes ou notables bourgeois ; puis venaient le clergé, les évêques de Bethléem, de Cambrai, de Tournai, d'Amiens et un prélat anglais, l'évêque de Salisbury, qui se trouvait en ambassade, l'abbé de Saint-Donat, de Bruges, et tous les abbés de Flandre ; derrière le clergé étaient les hérauts, conduits par les rois d'armes de Brabant, de Flandre, de Hainaut et d'Artois...

« Le deuil était conduit par Jacques de Bourbon, Adolphe de Clèves, le sire de Ravenstein, Jacques de Saint-Pol, les sires de Marle et de Roussi, fils du connétable. Monsieur de Charollais était tellement abîmé dans sa douleur, qu'il ne put suivre le convoi, et n'assista à un service funèbre que le lendemain. Les ordres mendians marchaient les premiers dans le cortège du deuil, puis le clergé des paroisses de Bruges, ensuite les chevaliers, et enfin tous les habitants de la ville et des pays voisins, au nombre de plus de trente mille. Ce fut au milieu des larmes de tout ce peuple que chemina le convoi à travers les rues. Il semblait que tout le bonheur, la gloire, le repos des pays de Flandre et de Bourgogne étaient en ce cercueil : on aurait pu croire que le monde était fini. « Ah ! disait-on, nous vous perdons, vous, notre bon Duc, notre bon père, le meilleur, le plus doux, le plus familier des princes ; vous, notre paix et notre joie ! Vous qui aviez tant de largesse, d'honneur, de vaillance, qui, pendant de si longues années, parmi tant de fortunes diverses et de si grandes affaires, vous vous êtes comporté d'une façon si sage et si salutaire ! Durant de si cruelles guerres au dedans et au dehors, vous nous avez gardés, de votre épée et de votre corps, envers et contre tous, vous jetant toujours en avant pour préserver du péril vos sujets et vos états. Parmi de si horribles tempêtes, vous aviez fini par nous ramener la tranquillité, l'union et le bon ordre; vous avez fait siéger la justice et donné libre cours à la marchandise. A l'ombre de ce bonheur qui vous a suivi en toutes choses, nous avons doucement prospéré et il semblait que tout votre soin fût tourné vers notre félicité. Les nobles hommes et les gens de toute sorte, qui venaient à vous en confiance, fussent-ils vos ennemis, étaient reçus avec douceur, retenus à votre cour, et vous leur faisiez autant de bien qu'il était en votre pouvoir. Aussi étiez-vous aimé et comme divinisé de vos sujets : votre seul aspect les comblait de joie. — Et maintenant, noble Duc, vous êtes mort, et nous orphelins ! » Puis on ajoutait, mais plus bas : « Vous nous laissez à une main nouvelle, dont le poids nous est inconnu. Nous ne savons en quels périls peut nous jeter la puissance qui va nous commander ; nous si bien accoutumés à la vôtre, sous laquelle, presque tous, nous sommes nés et nous fûmes nourris. » Tels étaient les discours qui se tenaient parmi le peuple et même parmi les serviteurs de la cour, pendant qu'on portait en terre le corps du duc Philippe de Bourgogne. Le désespoir fut plus grand encore lorsque le cercueil fut descendu dans les caveaux de l'église de Saint-Donat et que les hérauts jetèrent leur bâton blanc dans la fosse. On n'entendait retentir de toutes parts que sanglots et lamentations.

.... Quoi qu'il en fût, ce qui se passa après lui confirma toujours la renommée de ce bon et grand duc Philippe de Bourgogne. Son règne resta dans la mémoire des peuples comme une époque d'éclat, de puissance, de richesse et même de bonheur, car jamais la Flandre ne retrouva un temps si prospère. La maison de Bourgogne semblait avoir été mise au tombeau avec lui. »

Le duc Philippe mourut âgé de soixante-douze ans. Sa taille était élevée, sa démarche noble ; les traits de son visage n'étaient point beaux ; ses yeux bleus étaient petits, ses sourcils bruns et avancés, son nez aquilin ; son aspect était imposant et sa physionomie toute royale. Philippe avait aimé et protégé les lettres et les arts. Une célèbre école de peinture, dite de Flandre ou de Bourgogne, est due à son inspiration non moins qu'à ses largesses. Van Eyck, l'inventeur de la véritable peinture à l'huile, vivait à sa cour ; il eut, dit-on, jusqu'à trois cents artistes travaillant sous sa direction. Son rival fut Jean Memeling, l'auteur du fameux tableau à volets où est représenté le mariage mystique de sainte Catherine.

Jaloux de répandre l'instruction parmi ses sujets, Philippe-le-Bon fonda pour le duché et le comté de Bourgogne l'Université de Dole et accrut pour ses états des Flandres les privilèges de l'Université de Louvain.

L'inhumation de son corps à Bruges n'était que provisoire ; en 1474, son fils Charles le fit transporter à la Chartreuse de Dijon qui était le Saint-Denis des ducs Valois de Bourgogne.

VI

L'avènement du comte de Charollais au trône Ducal fit assez présager quel serait son règne. De violentes séditions éclatèrent dans le Brabant et à Liège. Les Gantois qu'il affectionnait particulièrement furent les premiers à s'insurger ; c'était un peu dans leurs habitudes ; on disait d'eux qu' « ils aimaient toujours le fils de leur seigneur, mais leur seigneur jamais ». La *cueillotte* ou l'impôt sur le blé leur servit de prétexte. Cette gabelle n'avait été établie que pour un temps déterminé. « Les magistrats chargés de la lever ne la maintenaient, disaient les gens de Gand, que pour leur profit particulier. » Aussi attendaient-ils avec impatience que le nouveau duc fît son entrée dans leur ville afin d'en obtenir le retrait. Elle eut lieu le 28 juin au matin ; les rues étaient tendues des plus belles tapisseries ; des carillons harmonieux se faisaient entendre dans tous ces clochers ; des mystères étaient représentés de place en place. Les habitants ne montraient que respect et allégresse sur le passage de leur jeune souverain.

Le lendemain, la place du marché au blé faillit devenir le théâtre d'une sanglante bagarre. Charles était au balcon de son hôtel, haranguant la foule, quand un homme de haute taille et tout armé, se plaça irrespectueusement à ses côtés, leva sa main revêtue d'un gantelet de fer et frappa un grand coup sur la ballustrade pour imposer silence. Il se permit de poser une série de questions à la multitude qui y répondit par des acclamations et des applaudissements. C'était toute une série de réformes que l'on voulait imposer au duc. Celui-ci les accorda, mais de mauvaise grâce.

Les Gantois ayant réussi dans leurs revendications, ce fut le tour des gens de Bruxelles. Ceux-ci s'étaient toujours montrés très attachés au vieux duc et avaient pour ce motif encouru la disgrâce du comte de Charollais. Sur leurs instances, les États du Brabant s'assemblèrent à Louvain. Charles-le-Hardi s'y rendit de son côté et prit possession du duché de Brabant, puis il vint à Bruxelles où il fut reçu avec enthousiasme. L'insurrection semblait terminée, puisque toutes les revendications avaient été données au peuple, quand une nouvelle Jacquerie éclata à Malines et à Liège.

Charles, escorté de la noblesse du Brabant, pénétra sans résistance dans Malines et fit procéder, selon toutes les règles, contre les mutins. L'un d'eux, condamné à la peine capitale, était déjà monté sur l'échafaud. Il allait recevoir le coup de la mort quand le prince parut à son balcon et cria qu'il lui faisait grâce. Cet acte de clémence fit plus pour l'apaisement des esprits que les mesures les plus rigoureuses.

Les Liégeois se montrèrent plus tenaces, d'autant que le roi Louis XI leur faisait de secrètes avances. Le nouveau duc fut contraint de réunir son armée et de marcher contre les rebelles. Il les battit complètement au village de Bruestein. Jamais il ne montra autant de prudence et de connaissance de la guerre que dans ce combat où il commanda en personne le corps de bataille. Charles continua sa route vers Liège et prit en passant Tongres et Saint-Tron. Le 11 novembre, les Bourguignons campèrent devant Liège et se préparèrent à en faire le siège. Avant de se mettre en campagne, Charles, malgré son impatience, envoya des hérauts publier la guerre dans tout le pays, avec ordre, pendant que se ferait la publication, de tenir l'épée nue d'une main et une torche de l'autre pour signifier qu'on allait faire une guerre à feu et à sang.

Les Liégeois le comprirent. Le souvenir du traitement infligé à Dinant, les forces qu'on leur opposait disposèrent les plus mutins à la soumission. Trois cents des premiers citoyens se présentèrent devant Charles et la ville se rendit sans autres conditions que la garantie du pillage. Le duc ne voulut pas entrer à Liège par la porte; il fit démolir vingt brasses de mur et combler le fossé pour passer par la brèche; il fit en outre abattre les tours et les remparts, comme si la ville avait été prise d'assaut. Les habitants furent obligés de se tenir sur son passage la tête découverte et une torche à la main. Tous virent Charles-le-Hardi pénétrer dans leur cité en grand appareil de guerre et portant sur son armure un manteau couvert de pierreries. Il tenait l'épée nue, dit-on, et marchait au petit pas, l'air courroucé. Les Liégeois perdirent la plupart de leurs privilèges municipaux, leurs bannières et jusqu'à leur artillerie. Ils eurent encore l'amère douleur de se voir enlever le PERRON, colonne de cuivre élevée sur des marches de marbre au milieu de la grande place. Cet ornement était célèbre dans toutes les Flandres ; Charles ordonna de le transporter à Bruges comme un trophée de sa victoire sur les rebelles. Le 24 décembre suivant, le duc de Bourgogne faisait son entrée à Bruxelles et le lendemain, désirant célébrer à la fois la fête de Noël et son retour triomphal, il tint cour plénière, admit tous venans à sa présence et fit donner à manger à plus de deux mille pauvres. De ce jour, on peut le dire, date véritablement le règne de Charles-le-Hardi. Toutes résistances ayant cessé, il apparut aux yeux de ses sujets comme le souverain des Flandres, du Brabant et de la Hollande aussi bien que des deux Bourgognes et des pays qui en dépendaient. Le comte de Charollais est devenu le grand-duc d'Occident. Il ne nous reste plus qu'à étudier l'ordre qu'il établit dans son gouvernement et à rappeler le but de sa politique, qui, on le sait, ne manqua ni de grandeur ni d'habileté. Son plan avorta, il est vrai ; ce fut plus la faute des circonstances que le manque de suite dans celui qui l'avait conçu.

Avant d'être duc de Bourgogne, le comte de Charollais aspirait déjà à l'honneur de ceindre une couronne royale. Ce ne sera donc pas sortir de notre sujet que de pénétrer les secrets de sa diplomatie et d'exposer les moyens qu'il prit pour en assurer le succès.

VII.

Charles n'était encore que comte de Charollais lorsqu'il se vit en butte aux attaques mal dissimulées de Louis XI. Nous en avons raconté les épisodes principaux. Ce qui poussait le roi à contrecarrer les projets de son beau cousin Charles, était son ambition effrénée. Délivrée de l'Anglais, la France lui apparut comme enserrée au Nord et à l'Est par la puissance formidable de la maison de Bourgogne. Louis XI voulut renverser cette barrière ; mais il trouva un rude jouteur dans l'héritier de Philippe-le-Bon.

De son côté, Charles-le-Hardi ne se borna pas à repousser les agressions de son déloyal suzerain ;

il lui sembla que le meilleur moyen d'assurer l'indépendance de « son hoirie » était d'en accroître les ressources et la force armée ; il réalisa de point en point cette partie de son programme politique. Maître incontesté de toutes les provinces comprises jadis dans le lot patrimonial de Lothaire, fils de Louis-le-Pieux, au fameux traité de Verdun qui a fixé, comme on le sait, durant de longs siècles la géographie de l'Europe, Charles entreprit de reconstituer à son profit l'ancien royaume de Gaule-Belgique. Ce projet n'avait en soi rien d'impostique ni d'irréalisable. La diplomatie a depuis longtemps reconnu, pour asseoir et affermir l'équilibre des grandes puissances, la nécessité des Etats secondaires, surnommés justement à cet effet états tampons et destinés à prévenir les chocs trop fréquents entre rivaux d'égale force. Le royaume de Gaule-Belgique rêvé par notre Charles-le-Hardi, eut été l'Etat intermédiaire entre l'Allemagne et la France ; il eut épargné à l'Europe ces longues guerres qui ont ensanglanté la fin du XVe siècle, presque tout le XVIe et les siècles suivants, y compris le XIXe siècle.

Louis XV en fit l'aveu après sa victoire de Fontenay, en 1745. Il était à Bruges avec le Dauphin son fils et lui montrant le tombeau de Charles-le-Téméraire : « Toutes nos guerres avec l'Autriche, dit-il, sont sorties de là. » C'était avouer que si le

dernier duc héréditaire de Bourgogne était parvenu
à réaliser son idéal de gloire, la France n'aurait
connu ni la funeste rivalité de Charles-Quint et de
François Ier, ni la guerre de Trente ans, ni les
guerres de succession, ni les hécatombes de la Ré-
publique et de l'Empire, ni l'invasion prussienne.
Sur ce point, les meilleurs patriotes sont en com-
plet accord avec les plus farouches antimilitaristes.
Mais Charles-le-Hardi était-il en mesure de créer
son royaume de Gaule-Belgique dont il s'entrete-
nait complaisamment avec ses familiers et ses
hommes d'état ? Ses provinces, il est vrai, manquaient d'homogénité. De gré ou de force, il avait
déjà acquis les bandes de terrain qui lui étaient
nécessaires, pour unir les Flandres aux deux Bourgognes. L'Alsace et la Lorraine furent un instant
entre ses mains. C'est alors que l'empereur, à qui
il demandait le titre de roi, se déroba à ses pres-
santes injonctions et que Louis XI, qui lui devait la
vie, lui opposa les Ligues suisses. A Péronne,
Charles-le-Hardi eut pu disposer au gré de son
ambition des destinées de la France. Libre à lui de
commencer une nouvelle dynastie et de fonder une
France qui d'emblée aurait eu les limites de l'ancienne Gaule. Il avait trop conscience de ses devoirs de vassal pour attenter aux jours ou à la liberté
de son roi, et les perfides conseils de son chancelier, Philippe de Commines, que l'or de Louis XI

avait acheté, le ramenèrent à son premier dessein,
régner sur la Gaule-Belgique. On sait assez à
quelles astuces son ennemi eut recours pour pra-
tiquer une mine souterraine sous ce fastueux édifice et comment il parvint à le faire s'écrouler.
Charles eut le grand tort d'employer la violence et
de se croire invincible ; mais Louis XI ne se fit
aucun scrupule de soudoyer des traîtres et de payer
la volteface sur le champ de bataille des propres
soldats du duc de Bourgogne. Ajoutons que ce
dernier a cruellement expié, aux mystérieux guet-
apens de Granson et de Morat, puis sous le poi-
gnard de Campo-Basso, à Nancy, le sang que dans
des jours de colère il avait fait couler à Nesles, à
Beauvais et à Neuss.

Ces événements appartenant plus à l'histoire de
France et de Bourgogne qu'aux chroniques du
Charollais, il nous aura suffi d'en tirer ce jugement
d'une entière impartialité, qui fut celui des contemporains.

L'entrevue de Péronne montra bien prise sur le
vif la politique des deux antagonistes ; nous devons en relater les principaux incidents. Le duc de
Bourgogne avait, le 2 juillet 1468, célébré son
mariage à Bruges, avec Marguerite d'York, sœur
d'Edouard IV, « selon ses premières inclinations,
dit Faber, qu'il n'avait étouffées que pour seconder
les volontés de son père ». Il y eut à cette occasion

des fêtes merveilleuses que Philippe de Commines a racontées tout au long dans ses Mémoires. Bornons-nous à rappeler que partout, l'écusson fleurdelysé de France rayonnait au milieu des blasons des seigneuries, comtés et duchés appartenant à Charles-le-Hardi. Le collier de la Toison d'or apparaissait aussi partout environnant le blason avec la devise du duc : « Je l'ai empris »; deux lions servaient de support et de chaque côté on voyait les statues de saint André et de saint Georges, patrons de la Bourgogne. C'était tout un programme politique.

Au festin des noces qui fut magnifique on vit figurer cette riche argenterie que les Parisiens avaient tant admirée, à l'époque du sacre. On se rendit ensuite sur la grande place de la ville, où devaient se faire les joûtes qui durèrent huit jours pleins et étonnèrent tous les assistants habitués cependant à de pareils spectacles. Louis XI avait mis ce temps à profit pour machiner de nouvelles intrigues contre la maison de Bourgogne ; il réussit à dissoudre la nouvelle ligue dont Charles était le chef et à en détacher les ducs de Bretagne et de Berry. La guerre fut sur le point d'éclater entre le roi et son redouté vassal. Déjà le duc de Bourgogne « campait avec un grand ordre, le long de la Sôme, avec cette louange que ce fut le premier qui renouvela la méthode des Romains, d'enfermer ses troupes dans un camp retranché. » Louis, quoique à la tête d'une forte armée, ne voulut point risquer le sort d'une bataille et fit solliciter une entrevue, à Péronne, dans les états de son adversaire. Mais avant que d'y aller « il avait envoié des ambassadeurs au Liège, pour porter ce peuple inconstant et crédule à prendre les armes, et il n'avoit pas eu le soin de les contremander. Or, la mine joua plus tôt qu'il ne vouloit ; car, au premier François qui parut, ces gens impétueux partirent de la main...

« A cette nouvelle, le duc se met en furie, fait fermer les portes du château de Péronne, et retient à peine sa colère qu'elle ne se venge sur le roi, victime de cet attentat. Trois jours durant, Louis XI fut dans des transes mortelles. Il se voioit entre les mains de son ennemi justement irrité et qui eut tout gagné en le perdant, au milieu des gens qui le haïssaient à mort, et dans un logis qui étoit au pié de la tour où Hébert, comte de Vermandois, avait autrefois fait mourir Charles-le-Simple ; en effet, il était perdu, s'il n'eut trouvé moïen de gagner Filipe de Comines.

« Ce ministre, qui minutoit peut-être dès lors la défection qu'il exécuta en 1472, conseilla au duc de se contenter d'obliger le roi à venir réduire Liège, la croix de Bourgogne sur le dos... Ainsi Louis XI sortit de prison par la porte dorée, le quatrième jour de sa capture, très ravi d'admettre ces conditions, toutes honteuses qu'elles étoient. »

La rage des Liégeois fut au comble lorsqu'ils virent s'avancer en ennemi l'allié à l'instigation duquel ils s'étaient insurgés et bravement ils s'apprêtèrent à soutenir contre le roi de France et le duc de Bourgogne un siège qui devait se terminer par une prise d'assaut effrayante.

« Ce sac, reprend Faber, arriva la veille de la Toussaint dans une saison si froide que le vin que se géloit dans les tonneaux devoit être coupé à coups de hâche et fondu au feu...

« Que fait le roi de France à ce beau jeu ?... Il fut obligé d'être le spectateur du bûcher qu'il avoit lui-même allumé, l'espace de huit jours. Après quoi il extorqua plutôt qu'il n'obtint son congé, et alla se décharger de son ignominieuse casaque à la croix de Bourgogne.

« Les Parisiens qui ne l'aimaient pas se moquèrent de ses finesses qui l'avaient fait tomber au trébuchet de Péronne. Il s'avisa de donner une autre manière à leurs caquets, en envoiant enlever tous les peroquets et tous les autres oiseaux parleurs à qui l'on avait appris à dire : *Péronne.* »

Louis XI trouva bientôt l'occasion de se venger. La mort de son frère, le duc de Guyenne à qui Charles-le-Hardi avait fiancé sa fille Marie de Bourgogne, lui avait causé une joie si indécente qu'on put l'accuser de ce meurtre ; le danger de fonder une nouvelle dynastie en Bourgogne sembla être écarté ; mais il reparut peu de temps après. « J'aime tant le royaume de France, disait Charles de Bourgogne, qu'au lieu d'un roy, j'en voudrais six. » Il prit donc les armes en criant au fraticide et s'empara des places de Nesles et de Roye, mais il échoua au siège de Beauvais (1472). Sans désemparer, l'impétueux Bourguignon tourne toutes ses forces vers la Lorraine et gagne la rive gauche du Rhin. De grandes chasses et des battues eurent lieu dans le Luxembourg afin de procurer une abondance de gibier à cette foule de seigneurs et de chevaliers qui suivaient Charles-le-Hardi. De leur côté, les villes de ses états ou simplement alliées lui faisaient de fortes fournitures et lui offraient des sommes d'argent considérables. Les bourgeois d'Aix-la-Chapelle ayant favorisé les Liégeois, le duc de Bourgogne exigea aussi d'eux un présent en florins et en vaisselle d'or. Cependant il n'était venu en leur ville que pour faire « ses dévotions devant l'image miraculeuse de Notre-Dame. » Sa chapelle excita au plus haut point l'admiration des habitants. On en avait dressé les principales richesses sur quatre tables couvertes de drap d'or ; c'étaient les douze apôtres en argent doré, dix autres figures de saints en or massif, une châsse d'or couverte de diamants, un tabernacle d'or tout sculpté On admira surtout un lis en diamant renfermant un clou de la vraie croix et une multitude de reliques précieuses enchâssées dans l'or et l'argent.

La musique de cette chapelle, objet particulier des soins du prince, fit entendre chaque jour à l'église des hymnes et des motets qui ravissaient clercs et fidèles. En retour de leur empressement à lui faire honneur les magistrats reçurent « un beau bijou de vingt mille écus d'or. »

« La magnificence, ajoute Faber, fut au même temps dédomagé de la ville de Mets, qui pour détourner Charles de se saisir de cète place, fort à sa bienséance pour passer des Païs-bas en Bourgogne, lui fit présent de vingt mille écus d'or, de 200 charettes de vin du Rhin et de Malvoisie, de 500 bœufs gras, de 4,000 brebis et d'une grande abondance de blé.

« L'empereur Frédéric (III), sachant que Charle était sur les frontières de l'empire, se rendit à Trèves... Charle y fut le saluer. On y passa un long tems en dons, en festins, en jeux publiques (sic), en conférences secrètes. C'étaient des dispositions à la demande que Frédéric avait dessein de lui faire de sa fille Marie pour son fils Maximilien.

« Charle la lui accorda, à condition qu'il redonnât à la Bourgogne son ancien titre de royaume et qu'il le fît son vicaire, marque que le fils avoit de prendre ce que son père avoit refusé. Frédéric pour ne pas manquer à un parti que tous les princes du monde regardaient avec concupiscence, accorda ces deux hautes demandes...

« Cependant tout se prépara pour le sacre du nouveau roi de Bourgogne. On voioit en l'église de Notre-Dame de Trèves deux trônes, l'impérial et le roial, un peu au-dessous ; on tenoit déjà prêts la couronne, le septre, le pourpre, la bannière et le reste de l'aparat roial. L'évêque de Mets devoit le couronner. Mais tout s'en alla en fumée. Comme Charle n'étoit encore que trop grand au goût de Louis onze, ce jaloux n'omit rien pour détrôner son rival...

« Il mit dans la tête à Frédéric que ce jeune ambitieux ne tendoit rien moins qu'à l'empire, à l'exclusion de son propre sang. Frédéric faisant réflexion que Charle demandoit le vicariat de l'empire, que par l'ostentation de son admirable vaisselle il avoit sourdement insulté à sa pauvreté et tacitement indiqué que Maximilien n'étoit pas à soutenir la dignité de l'empire, prit la mouche, et son esprit ombrageux lui fit admettre pour en avis salutaire l'émulation d'un envieux.

« On étoit presque à la veille du couronnement, quand Frédéric, possédé de ses soupçons, quitta Trève et se retira à Cologne, sans donner au duc ni aveu, ni adieu. »

VIII

Les conférences de Trèves rompues, Charle dirigea sa marche en Alsace, puis il vint visiter ses Etats de la duché et de la comté de Bourgogne. De magnifiques préparatifs avaient été faits à Dijon, pour le recevoir à sa première entrée dans cette ville, où il était très populaire et fort aimé. Ses faveurs en effet avaient toujours été pour les Bourguignons. Dès son avènement au trône ducal, il avait à l'occasion de la prise de Liège créé deux cents chevaliers de la Toison d'or; la plupart étaient gentilshommes du duché : le sire de La Guiche qui commandait le Charollais, Philippe de Sercy, neveu du bailli de Dijon, dont la famille était particulièrement cher au jeune duc, Marguerite de Cercy ayant été la gouvernante du comte de Charollais. Citons encore Girard de Saulx, A. de Digoine, J. de Fontette, Bernard de Fleury. Le baron de la Baume de Montrevel fit lui-même chevaliers vingt-deux de ses écuyers, et Jean de Chalon vingt-six. La foule qui allait acclamer le duc de Bourgogne comprenait l'élite de la noblesse, du Tiers-état et la population entière de Dijon et des villes voisines. Charles avait pris sa route par Belfort, Montbéliard, Baume-les-Dames et Besançon. Du château de Rouvre il se rendit à Perrigny, chez le sire Guillaume Rolin, fils de l'ancien chancelier

de Philippe-le-Bon où devaient se faire les der-
niers apprêts. Avant de se montrer à son peuple,
Charles reçut d'abord les députés des villes et des
communautés (bourgs et villages) du duché, du
Mâconnais, du Charollais, de l'Auxerrois et de
la comté de Bourgogne. Les représentants du
comté de Charollais reçurent de lui le meilleur
accueil en souvenir de son premier apanage.
Quand les gentilshommes, presque tous richement
vêtus, eurent offert leurs hommages, le cortège se
mit en marche. Charles était entouré des gens de
son hôtel et portait un vêtement ruisselant de
perles et de diamants. On remarqua son chapeau
de drap d'or, taillé en forme de couronne. A sa
gauche était le cardinal Rolin, évêque d'Autun ;
le clergé de la ville et le chapitre de saint Bénigne
vinrent lui apporter les saintes reliques à baiser, à
son entrée dans l'enceinte murée. Le duc descendit
à saint Benigne ; il alla de suite faire sa prière à
l'autel, puis s'assit sur une estrade élevée. Alors
l'abbé de Cîteaux fit un discours au nom des états
de Bourgogne. Le prince répondit en assurant la
province de son affection. Etienne Barbizey, maire
de Dijon, le pria ensuite de confirmer les privilèges
de la ville. L'abbé de saint Bénigne, aussitôt les
serments donnés et rendus, plaça au doigt du duc
l'anneau symbolique gage d'union et de mariage
entre le prince et ses sujets. Le détail des décora-

tions et des devises qui ornaient les rues de Dijon serait infini. Les unes et les autres se rapportaient à la vaillance du jeune prince et à la terreur qu'il inspirait à ses ennemis.

Le lendemain, Charles réunit les états de Bourgogne. Après avoir entendu une messe solennelle à Saint-Bénigne, il rentra au palais et tint séance, puis donna aux députés, prélats, nobles et bourgeois un festin où l'on admira cette splendide vaisselle d'or et d'argent qui avait tant émerveillé les seigneurs d'Allemagne, à Trèves. Dans le discours qui suivit, le nouveau duc rappela avec insistance l'ancien royaume de Bourgogne dont les rois de France s'étaient emparés contre tout droit pour le réduire en duché vassal et tributaire. De Dijon, Charles-le-Hardi devait visiter les villes principales de la province ; un hôtel, fort ancien et très curieux à Chalon, passe pour lui avoir servi de demeure durant le séjour qu'il aurait fait dans cette ville.

On croit aussi que du Chalonnais il se rendit en Charollais, s'arrêtant, selon sa coutume, de château en château, et qu'il aurait pris possession, à Charolles, du palais flanqué de tours et de bastions qui porte encore son nom. Poussa-t-il jusqu'à Paray où son rival Louis XI avait séjourné, en 1438, lorsqu'il n'était encore que dauphin et qu'il fuyait la cour de son père ? C'est du moins à cette époque que le cardinal Rolin, évêque d'Autun, fondait le mépart de Paray, société de prêtres chargés de l'église paroissiale de Saint-Nicolas. Le duc de Bourgogne ne fut sans doute pas étranger à ce pieux établissement. Mais s'il vint à Paray, au château uni au prieuré que les bénédictins de Cluny y possédaient, il n'y resta que peu de temps.

Il avait hâte de rentrer dans ses états du nord, théâtre principal de ses opérations militaires, et centre de toute sa diplomatie. Lorsqu'il fut de retour à Dijon, il ne manqua pas de faire célébrer, d'après l'usage, un service funèbre en l'honneur du feu duc Philippe et de sa mère, la duchesse Isabelle de Portugal, morte et inhumée à la Chartreuse de cette ville, en 1472.

On sait que cette princesse animée d'une grande piété avait su communiquer à son fils ses sentiments de vive foi. Les chroniqueurs rapportent qu'elle se rendait, pendant ses séjours en Bourgogne, à la Chartreuse de Dijon, chaque jeudi des Quatre-temps. La cellule qu'elle y occupait resta intacte jusqu'à la Révolution. On la montrait aux curieux ainsi qu'une chasuble précieuse qu'elle avait elle-même brodée en perles Enfermée dans sa cellule, elle pétrissait de petits pains au lait et faisait des pâtés de poisson qu'elle distribuait ensuite aux religieux. Elle désira qu'après sa mort cette coutume fut maintenue ; son fils Charles et ses successeurs ont respecté fidèlement cette charitable disposition d'Isabelle de Portugal ; c'est ce que l'on désignait, chez les Chartreux de Dijon, sous le nom de *pâté à la duchesse* et de *pain au lait à la mode d'Isabelle.*

Nous avons dit plus haut que ce fut à l'occasion de son mariage avec cette princesse que Philippe-le-Bon avait institué à Burges l'ordre de la Toison d'or. Les statuts en furent dressés par ce prince et complétés ensuite par son fils le comte de Charollais, pour être par lui, quand il lui aurait succédé, ponctuellement exécutés. Ces ordonnances et instructions comprennent XXVIII articles et regardent spécialement les devoirs de « quatre officiers... estably pour servir à icelluy Ordre, c'est assçavoir Chancellier, Trésorier Greffier et Roy d'armes. » Charles-le-Hardi augmenta les privilèges des chevaliers et leur accorda le pas sur tout personnage, excepté les princes du sang des têtes couronnées. Son beau-fils, Maximilien I, empereur, porta l'ordre de la Toison d'or dans la maison d'Autriche ; Charles-Quint le donna à la branche espagnole où il est resté. C'est aujourd'hui encore une distinction des plus enviées. L'insigne est une toison d'or suspendue à un collier d'or ornementé de briquets, en forme de B, pour signifier *Bourgogne.* La toison elle-même était un hommage rendu fort habilement à l'industrie lainière des Flandres par Philippe-le-Bon et son fils, le comte de Charollais. La sainte-chapelle de Dijon où se tint le troisième chapitre de l'ordre, en 1433, renfermait les armoiries des premiers chevaliers qui originairement étaient au nombre de trente et un. Charles-Quint les éleva au nombre de cinquante et un. Les chroniqueurs du temps disent que ce monarque se faisait gloire d'être l'héritier de notre Charles-le-Hardi, avec lequel il avait plus d'une ressemblance. Il eut le même programme politique vis-à-vis de la France et voulut que le premier fruit de sa victoire de Pavie, en 1525, fût de placer le Charollais, apanage aimé de son aïeul, en tête de tous ses états héréditaires.

A la mort de Charles-le-Hardi, Louis XI s'était en effet emparé du Charollais comme d'un fief réversible à la couronne et *le plus noble mouvant* du duché de Bourgogne. Mais son fils Charles VIII le rendit, au traité de Senlis, à Philippe-le-Beau, petit-fils par sa mère de notre comte de Charollais mais, à la charge de le tenir en fief de France, ce que fit l'archiduc entre les mains du chancelier Guy de Rochefort, à Arras, en 1499. Marguerite d'Autriche, sœur de Philippe-le-Beau, devait à son tour le transmettre à son neveu, Charles-Quint, mais celui-ci ne put en jouir qu'après en avoir acquis la souveraineté à la pointe de l'épée.

(Traités de Madrid, 1526, et de Cambrai, 1529). Le Charollais resta à la branche espagnole de la maison d'Autriche jusqu'en 1684. Louis XIV le fit alors saisir par arrêt du parlement et le donna en apanage à la maison de Condé.

IX

Délivré des alarmes et des soucis qui l'avaient affligé au commencement de son règne, le comte de Charollais, devenu duc de Bourgogne, voulut donner un grand éclat à sa cour, tout en y faisant régner un ordre parfait. Il s'appliqua aussi à doter ses états d'une administration non moins admirable que celle dont Charles VII avait été l'organisateur pour le royaume.

« La maison de Bourgogne, dit Courtépée, était la plus puissante de l'Europe ; il y avait peu de souverains qui égalassent (Charles) en pouvoir et tous lui étaient inférieurs en magnificence... Le nombre de (ses) officiers était prodigieux et toutes leurs fonctions étaient marquées et distinguées par une étiquette régulière. »

Ajoutons que le jeune prince la porta au suprême degré de dignité et d'élégance et que c'est de sa cour que les rois d'Espagne d'abord, puis les rois de France eux-mêmes tirèrent le cérémonial pompeux en usage à l'Escurial, aux Tuileries et enfin à Versailles. Charles songea de suite à mettre bon ordre dans ses finances et à réprimer les dilapidations que la vieillesse et les goûts futiles de Philippe-le-Bon avaient tolérés, au grand détriment de son épargne.

Ce prince, nous l'avons vu, avait à sa mort laissé des trésors considérables; son successeur les tint en réserve avec les contributions de guerre levées sur Liège, en 1467, afin de pourvoir aux grandes entreprises qu'il méditait depuis longtemps. Les frais de sa maison, les gages des écuyers, des chambellans et autres officiers de la cour, en même temps que la solde de ses compagnies, devaient être payés sur les revenus ordinaires de ses états, qui n'eurent jamais d'autres emplois. En effet, Charles-le-Hardi ne fut pas moins bon administrateur que fougueux capitaine; avec l'obstination d'une volonté que rien ne pouvait distraire de son but, il s'informa du revenu de chacun de ses domaines, à commencer par ceux du Charollais, son premier fief, des réparations qu'il y avait à faire, des abus à réformer; puis il dressa exactement le produit des tailles (impôts directs), péages, gabelles et aides (impôts indirects); c'est ce qui constitua le rôle des taxes, base de ce que nous appellerions aujourd'hui le budget.

Les courtisans s'étonnaient de si grands calculs ; mais les gens de bien disaient « que nul soin n'était plus digne d'un bon et grand prince que de mettre de l'ordre dans les dépenses et les recettes et que c'était le meilleur moyen pour assurer la félicité des Etats. » Charles, il est vrai, ne visait qu'à augmenter ses ressources ; la noblesse de cour et ses officiers le trouvaient peu libéral, même avare pour un prince si jeune et si nouveau ; ce n'est pas qu'il ne leur payât de forts gages, mais il n'aimait pas les prodigalités et se bornait à remettre exactement ce qu'il devait à chacun.

Aussi l'ordre et la discipline régnaient-ils dans sa maison d'une façon sévère. Les chambellans, les écuyers, les hommes de service étaient divisés par quartiers et faisaient leur office à tour de rôle. Le premier chambellan, le premier maître d'hôtel, tous les grands dignitaires restaient à demeure, auprès de la personne du prince. Les autres officiers domestiques étaient partagés en dizaines et chaque dizaine avait sa table présidée par un officier de sa maison. Ils dînaient avant le duc qui parfois allait de salle en salle voir comment ils étaient servis. Dès que le repas était fini, les uns et les autres venaient assister à son couvert.

L'ordonnance de sa chapelle et de son conseil était non moins admirable. Charles ne se montrait jamais qu'entouré d'un pompeux cortège ; aucun prince en Europe n'observait une étiquette plus rigoureuse et, ajoutons, ne rendait plus exacte justice à ses sujets. Les lundi, mercredi et vendredi de chaque semaine, Charles tenait son audience publique assis sur un fauteuil à grand dossier et entouré de ses serviteurs et de son conseil. Il recevait alors les plaintes de tout venant, même des plus pauvres gens et faisait souvent lire leurs requêtes tout haut devant lui. Les audiences duraient parfois trois ou quatre heures, mais personne n'aurait osé témoigner le moindre ennui, « sous peine d'être fortement tancé », car le duc n'épargnait pas les réprimandes à ceux qui s'écartaient de ce qu'il avait ordonné. Il avait l'œil à tout ; quiconque aurait manqué à la messe ou à l'audience, celui qui serait allé à l'offrande avant son tour, l'écuyer qui aurait pris le pas sur un chevalier étaient bien assurés de quelque sévère leçon. Souvent aussi, lorsque ses serviteurs et ses nobles barons étaient rangés autour de son fauteuil, il leur adressait, ainsi que l'aurait fait un prédicateur, des sermons sur leurs obligations professionnelles, sur les vertus de leur rang et de leur état. Lui-même, par la dignité de sa vie et par sa fidélité aux observances de l'Eglise, était le modèle de tous ses seigneurs. S'il avait apporté la même modération dans sa politique, il eût été l'un des princes les plus accomplis de son temps. On lui doit la gloire d'avoir été le premier qui ait défendu les duels et de n'avoir jamais violé les lois de la continence. (Faber).

Les habitants de Lille lui causèrent, dit-on, une satisfaction médiocre lorsqu'ils le reçurent dans leur ville, en 1468. Entre autres mystères qui furent représentés, il y en eut un qui excita de grandes risées, mais qui déplut au jeune souverain ; c'était le jugement de Pàris. « On avait, dit de Barante, choisi pour le personnage de Vénus une grande et énorme femme qui pesait plus de deux quintaux ; Junon était de même taille, mais toute sèche et maigre ; Minerve était bossue par devant et par derrière ». On devine assez à laquelle Pàris décerna le prix de beauté. Charles de Bourgogne ne s'intéressait que faiblement à ces souvenirs mythologiques. Il avait mieux à faire : édifier ses peuples et les rendre heureux.

Sa mère et sa gouvernante, Marguerite de Sercy, avaient su lui inspirer un souverain respect pour les bonnes mœurs ; aussi n'eut-il jamais de favorite, ni de maîtresse. Cet exemple, fort rare parmi les princes et seigneurs du XVe siècle, fit oublier les scandaleuses unions de Philippe-le-Bon qui, dit-on, aurait pu peupler sa cour de ses bâtards. Son fils, Charles-le-Hardi, se plaisait aux offices et aux chants de l'Eglise ; il était lui-même fort bon musicien. Il assistait exactement au service divin et ne craignait pas, nous le savons, de faire des observations aux prêtres qui apportaient une certaine précipitation à l'autel ou au chœur. Il avait ses clercs ou chapelains chargés de réciter l'office avec lui. La sainte-chapelle de Dijon était son oratoire de prédilection ; c'est là qu'il assistait chaque matin à la messe, lorsqu'il se trouvait dans la capitale de la Bourgogne. Il fit encore construire la chapelle de la Chambre des comptes de cette ville et statua que l'on y offrirait le saint sacrifice, toutes les fois que les membres de ce tribunal s'y assembleraient.

A la chapelle ducale, quel que fût l'endroit où la cour résidait, les chanoines qui en étaient chargés disaient tous les jours une grand'messe, les petites heures et les vêpres. Le doyen ou le premier aumônier présentait, chaque fois que le duc entreprenait un voyage, la liste des malheureux, habitant les villages que la cour devait traverser ; Charles la signait et la distribution des secours avait lieu aussitôt. Le même chapelain distribuait également aux pauvres l'offrande que le duc faisait à la messe et qui consistait ordinairement en une forte somme d'argent. Telles avaient été déjà les libéralités habituelles de Charles, lorsqu'il n'était encore que comte de Charollais. Il ne rencontrait jamais un mendiant sans lui faire donner une large aumône et lui adresser quelques mots bienveillants. Il s'appliqua surtout à rendre et à faire rendre à

chacun prompte et bonne justice. Il venait à peine
de ceindre la couronne ducale quand il donna à ses
seigneurs qui ne l'oublièrent pas, une leçon sévère
d'équité (1468). L'un de ses chambellans, le bâtard de la Hamaide, s'était rendu coupable d'un
meurtre sur la personne d'un de ses vassaux. Il
espérait que, grâce à sa famille et à ses amis, son
crime resterait impuni. Mais Charles ayant eu vent
de la chose, fit saisir incontinent La Hamaide au
milieu de sa cour et ordonna de l'envoyer en prison,
à Bruges, jurant par saint Georges, qu'il en ferait
exacte justice. Le procès s'instruisit et aussitôt de
grandes influences furent mises en mouvement
pour paralyser le cours de l'instruction. « Je sais, dit
Cnarles au père de l'accusé, le sire de La Hamaide,
les services que vous et les vôtres m'avez rendus ;
je les ai en mémoire, mais il ne m'est pas permis
de les récompenser aux dépens d'autrui. Or, voici
vos parties adverses qui requièrent justice pour
leur frère mis à mort piteusement et sans nul
motif... Je sais la chose, j'en suis instruit ; comme
juge et seigneur il y va de mon intérêt et de ma
conscience à ne la point passer en oubli. » Le jeune
homme et les siens ne concevaient cependant aucune crainte sérieuse. Il leur semblait impossible
que le duc fit un tel affront à leur famille et à
toute la noblesse du Hainaut. Charles voulut au
contraire donner, dès le commencement de son
règne, un exemple de fermeté et malgré les sup-

plications des bourgeois et des magistrats eux-
mêmes, il fit exécuter le coupable sur une des
places de la ville. Un autre exemple de sa justice
qui ne fit jamais acception des personnes, est non
moins célèbre. Le gouverneur de Midelbourg,
éperdument épris de la femme d'un marchand, fit
emprisonner et condamner le mari sous un prétexte quelconque. Saphire — c'était le nom de la
malheureuse veuve — se jette aux pieds du juge et
implore sa clémence. Mais le magistrat s'est hon-
teusement fait le complice du gouverneur. Dans
son désespoir, Saphire court à la prison et voit la
tête de son mari séparée du corps. Plus terrible
qu'une lionne, dit Juste Lippe, à qui on a enlevé
ses petits, elle se rend à Gand et raconte ses
malheurs à Charles-le-Hardi, qui déjà méritait
aussi le surnom de bon justicier. « Vous ne pouvez
me rendre mon époux, dit elle, mais vous pouvez
me venger ». Le coupable mandé aussitôt avoue son
crime et s'offre à épouser Saphire. Celle-ci fit semblant d'y consentir, et sur l'ordre du prince le
nouvel époux fait donation absolue de tous ses
biens à Saphire. Charles dit alors à la dame : « Il
ne me reste plus qu'à vous mettre en possession
des richesses de votre mari, j'ai donné l'ordre de
le conduire en prison puis de le décapiter. »
Saphire, après ce double trépas, ne fit plus, dit-
on, que languir et mourut peu après, laissant une
ample succession à ses enfants qui gardèrent un
souvenir reconnaissant au duc de Bourgogne.

X

Après son retour à Dijon, en 1473, Charles, heureux des hommages qu'il avait reçus de ses bons Charollais et voyant la prospérité régner dans le duché et le comté, se disposa à entrer en Lorraine, afin de s'assurer une communication libre entre ses états du nord et ceux du sud. Il était loin, en effet, d'avoir renoncé à ses vastes espérances pour le nouvel Etat de Gaule-Belgique.

Il se résolut donc à obtenir de plein gré ou à la pointe de l'épée ce royaume de Bourgogne dont il venait d'entretenir si complaisamment les états à Dijon. Il était convaincu qu'avec de la vaillance et une forte armée comme celle qu'il commandait rien ne lui serait impossible. Aussi n'oubliait-il rien pour rendre cette armée plus puissante et plus nombreuse; il multipliait ses ordonnances sur l'armement, l'ordre et la discipline de ses compagnies. Sa cavalerie était surtout l'objet de son attention ; mais il ne négligeait point ses archers, les fantassins du temps, qu'il passait en revue avec un soin et une activité infatigables. Nul homme de guerre, peut-être, ne porta plus d'intérêt à ses soldats. Malheureusement il donna sa confiance à des capitaines étrangers qui le trahirent effrontément. Le plus célèbre d'entre eux est Campo-Basso lequel, après avoir été au service de la maison de Lorraine, passa sans plus de façon dans l'armée du duc de Bourgogne. Ce prince autorisa l'aventurier à lever lui-même des troupes en Italie et accueillit les Lombards avec une faveur marquée. Ce fut une lourde faute. A partir de ce jour, le duc Charles n'est plus le guerrier intrépide que ses contemporains avaient surnommé le *hardi*, mais le chef d'État imprévoyant que l'histoire a appelé *le Téméraire*.

Nous n'avons pas à le suivre dans la campagne que de Nancy il dirigea contre les Suisses. Les faits d'armes qu'il accomplit n'appartiennent point à l'histoire du comte de Charollais. Mais il ne sera pas sans intérêt d'étudier son état d'âme au moment où, parvenu à l'apogée de sa puissance, il se disposait à ceindre la couronne royale. Ce fut le 29 novembre 1475 que Charles fit son entrée triomphale dans la capitale de la Lorraine qui, moins de deux ans après, devait être son tombeau. Il avait un cortège de princes, fils ou frères de rois, qui semblaient être ses vassaux. Lui-même était resplendissant d'or et de pierreries. Son chapeau gardait la forme d'un diadème, comme à Dijon; il était si riche de diamants et de perles qu'il valait, disait-on, tout un duché. Charles se rendit dans cet appareil royal à l'église Saint-

Georges, là même où sa dépouille mortelle allait être portée sous peu en un si triste état. Après avoir prêté le serment de conserver les privilèges de la ville et du duché, il quitta la cathédrale à pied, laissant selon la coutume, son cheval tout harnaché aux chanoines. Fier de ses succès, le prince bourguignon fit aussitôt acte de souveraineté en Lorraine ; les portes de son hôtel étaient ouvertes à gens de tout état ; il écoutait leurs requêtes, faisait droit à leurs griefs et plaintes, s'efforçant ainsi de gagner le cœur de ses nouveaux sujets. Aux états de Lorraine qu'il assembla le 18 décembre, il déclara qu'il gouvernerait en toute justice, qu'il aimait Nancy plus qu'aucune autre ville et en ferait la capitale de son royaume de Gaule-Belgique, que c'était là qu'il comptait finir ses jonrs. Ne dirait-on pas qu'il avait comme le pressentiment de sa mort prochaine qui fut si horrible ? Les députés des états furent, paraît-il, si émerveillés de son éloquence qu'ils affirmaient ensuite n'avoir jamais entendu un prédicateur aussi habile. Tout réussissait donc au gré du duc de Bourgogne : hélas ! il ne devait pas tarder à voir ses plus chères espérances cruellement trompées. Ce fut Louis XI qui, en creusant une mine souterraine sous ses pas, pour employer l'expression de Faber, fit crouler un si bel édifice. Les offres du roi parvinrent à force d'argent à détacher les

Suisses de l'alliance bourguignonne. Ce point si obscur de notre histoire vient enfin d'être mis au grand jour. Charles, dans sa marche à travers le Jura, n'a pas été l'agresseur injuste qu'il a été si longtemps de mode de honnir. Les Suisses n'étaient point ce peuple de bergers inoffensifs, ne demandant qu'à vivre en paix dans leurs montagnes et qu'à rester amis avec leurs voisins. D'après des documents forts curieux, tirés des archives de Milan, et qui ont trait aux négociations échangées entre la cour de Bourgogne et celle de Savoie, ces hardis montagnards ne se faisaient aucun scrupule de rançonner leurs propres alliés, le comte de Romont et la duchesse de Savoie. Les mémoires du temps nous les montrent brûlant et saccageant les villages des deux Juras, pendant, noyant et massacrant les habitants. Charles de Bourgogne ne pouvait laisser impunis de tels attentats, d'autant que les victimes, en implorant son secours secondaient ses desseins. Madame Bonne, duchesse de Savoie, ne désirait rien tant que de donner Marie de Bourgogne pour femme à son fils et, quoique sœur de Louis XI, elle restait fidèle aux engagements contractés avec la Bourgogne. Le comte de Romont, son frère, commandait en personne une forte compagnie à l'armée ducale et avait horreur de la félonie. L'occasion de pénétrer en Suisse était trop favorable pour que Charles ne la saisit pas, mais il n'est pas moins certain que l'attaque ne vint pas de lui et que la guerre qu'il entreprit était juste.

Arrêtons-nous un instant pour contempler la belle ordonnance de ses troupes fortes, dit-on, de quarante mille hommes. L'artillerie passait pour la plus considérable qu'on eût jamais vue dans aucune cour de l'Europe, mais au fond elle ne comprenait que neuf bombardes ou grosses pièces, trois cent cinquante serpentines, espèce de fusils de rempart, difficiles à épauler, et 60 pierriers, petites pièces de campagne de deux balles à la livre, et « faisant plus de bruit que de besogne », sur les champs de bataille.

Si l'on en croit les historiens suisses que nos écrivains modernes ont copiés, les bagages du duc de Bourgogne surpassaient tout ce que l'on pouvait imaginer. D'après eux, l'ancien comte de Charollais se faisait suivre de toutes ses richesses, de sa chapelle, de ses services d'or et d'argent. Ses pages, ses archers étaient éclatants de broderies et de dorures. « Ce n'était point, observe de Barante, que Charles eût pris goût au faste ou à la mollesse ; au contraire, il se plaisait à se montrer au sein de cette magnificence, vêtu d'un mauvais petit habillement ; mais il voulait paraître au milieu des princes et des ambassadeurs de la chrétienté dans un appareil qui leur en imposât et qui put donner une idée de sa puissance. »

« Aussi, ajoute le même auteur, cette armée rappelait-elle ce que les historiens des temps anciens rapportent du camp de Xercès et des grands rois de Perse. Autour du duc et des princes on voyait mêlés aux gens de guerre une foule de valets, de marchands, de femmes et de filles de joyeuse vie... L'épouvante était répandue sur tous les confins de la comté de Bourgogne. »

Effrayés d'un appareil de guerre si formidable, les Suisses envoyèrent ambassades sur ambassades à Charles-le-Hardi. On raconte que pour le détourner de leurs pays ils lui auraient remontré que cette guerre lui profiterait peu, que les ligues étaient pauvres, que les prisonniers ne pouvaient payer de riches rançons. « Il y a plus d'or et d'argent, dirent-ils en terminant, dans vos éperons et les brides de vos chevaux que vous n'en trouverez dans toute la Suisse. »

Mais le désir de donner ses anciennes limites au royaume de Bourgogne rendait le Hardi sourd à toutes les remontrances. Louis XI lui-même, si acharné à sa perte, tenta en vain de le dissuader de cette guerre. Charles se voyait déjà au sommet des Alpes, comme un autre Annibal, car l'indomptable carthaginois était son héros favori ; il en parlait sans cesse et voulait l'imiter d'autant qu'il se trouvait près des Alpes et que volontiers il en aurait tenté le passage. Il aurait ainsi, pensait-il, attaché à son nom une gloire immortelle. Pour l'instant, il désirait par l'éclat de sa puissance gagner à jamais les Italiens qu'il avait dans son armée et dont il voulait se faire des alliés fidèles. Ce fut, nous le savons, la cause principale de ses malheurs. Milanais et Piémontais l'abandonneront à qui mieux mieux et provoqueront par leur lâcheté sur le champ de bataille la ruine de l'armée entière.

« Les Suisses, reprend Faber, ne voulant pas se prendre à leur Maître, offrirent de rendre tout ce qu'ils avaient pris sur le comte Jaque de Romont, de renoncer à toute autre alliance et de le servir à petite paie avec 6,000 fantassins. Charles se roidit contre ce torrent d'offres, mais à son malheur. » Ajoutons que ces prétendus bergers étaient non pas revêtus de peaux de moutons, mais qu'ils portaient des corselets de fer et des casques ou salades, comme les cavaliers du temps. Leur armure consistait non seulement en de longues lances dites pertuisanes, mais aussi en arquebuses. Soutenus par une bonne artillerie, ils avaient en outre l'avantage d'être conduits au combat par des chefs expérimentés, chevaliers et capitaines bardés de fer, fort au courant des choses de la guerre et ayant sur l'ennemi cette supériorité incontestée de connaître admirablement leur pays. Leur armée, d'après un inventaire de l'époque, comptait non pas 10,000 hommes, mais près du double, exactement 19,658 combattants. (M. Quantin).

De son côté et suivant sa tactique habituelle, Louis XI, lorsqu'il vit les hostilités ouvertes, changea de front. « Il faisoit semblant, dit Faber, de jeter de l'eau sur ce feu et il y versoit de l'huile. Les Suisses leurez de ses montagnes d'or, et outrez de leurs compatriotes de Granson que Charle contre sa parole donnée et contre son ordinaire, avoit fait pendre et noier, se résolurent à la guerre. »

Cet épisode du siège de Granson (19 février 1476) est relaté inexactement par Faber, comme il l'a été du reste par de Barante et par tous les historiens qui se sont inspirés des chroniques du moine suisse Baillod (fin du XVI* siècle). « On a raconté, dit M. Quantin, que pour s'emparer plus vite du château (de Granson), le duc avait fait promettre la vie sauve, mais qu'au mépris de la parole ducale, il avait fait passer la garnison au fil de l'épée. La vérité est que le duc fit au contraire annoncer à la garnison qu'il ne lui ferait aucun quartier. L'année précédente (1475), les Bernois ou Fribourgeois avaient commis de cruelles exécutions à Héricourt, à Estavayer et aux Clés, et comme la garnison était composée de ces mêmes Bernois ils furent tous pendus ou noyés, en punition de leurs crimes des années précédentes. Il faut donc écarter toute hypothèse d'une capitulation accordée et ensuite violée. Si dans maintes circonstances, le duc de Bourgogne (même lorsqu'il n'était encore que comte de Charollais), a obéi aux lois guerrières si rigoureuses d'une époque où la vie de l'homme comptait pour peu de chose, il ne faut pas oublier que ses adversaires se sont montrés plus cruels que lui et que les Bernois du château de Grandson, sur le sort desquels on s'est apitoyé depuis plus de quatre siècles, ne se mettaient jamais en campagne sans être accompagnés d'une nombreuse escouade de bourreaux » (Revue bourguignonne).

A son entrée en Suisse, l'armée bourguignonne se trouva en face d'une armée qui l'égalait en nombre et en artillerie. Sur les 30,000 hommes que Charles-le-Hardi commandait, 12,000 avaient été établis à la garde du lac de Neufchâtel, à droite, de sorte que 18,000 hommes à peine purent être opposés au choc des troupes confédérées. Celles-ci étaient homogènes et animées d'un ardent patriotisme, tandis que dans l'armée ducale on comptait plus de mercenaires, Savoyards, Allemands et Italiens que de Bourguignons. La rencontre des deux armées fut inopinée, et la bataille commença par un combat d'avant-garde. (2 décembre 1476).

Charles-le-Téméraire était, comme toujours, à la tête de ses troupes; lorsqu'il vit qu'il avait affaire à l'armée entière des Suisses, « il fit avancer en toute hâte ses gens de trait, presque tous Lombards et son artillerie légère. On échangea quelques décharges et le cheval du duc de Bourgogne fut tué d'un coup d'épingard. Il en prit un autre, rallia autour de lui une troupe de cavaliers d'élite et commanda un mouvement en arrière pour prendre du champ, afin de charger l'ennemi. Les Lombards, dont les chefs étaient soudoyés par Louis XI, firent semblant de prendre ce mouvement de recul pour un ordre de retraite et crièrent sauve-qui-peut. « Je suis vendu et trahi », s'écria le duc ; il fit des prodiges de valeur et essaya vainement d'arrêter ses gens qui fuyaient sans combattre. Mais en peu de temps, sa petite troupe se trouva presque cernée et il dut prendre le chemin du camp, où une partie des ennemis était déjà parvenue. Il y trouva ses propres soldats en train de piller avec les ennemis. »

Il y eut alors un beau fait d'armes qui vint racheter la honte des cupides et lâches italiens. À la tête de la garde ducale, le bâtard de Bourgogne dispersa comme d'un trait, par une charge furieuse, la multitude des pillards massés dans le camp. Il sauva ainsi le trésor de l'armée, les joyaux, la chapelle et l'argenterie de Charles, ce qui contredit formellement la chronique suisse, dont les fantaisies remplissent encore des pages entières chez nos modernes historiens. On raconte aussi qu'au début de l'action, les soldats du duc de Bourgogne, entendant les violents mugissements de la trompe d'Uri et de la vache d'Unterwalden, furent saisis d'effroi et qu'ils lâchèrent pied en masse. Cette légende disparaît de même devant le témoignage des ambassadeurs milanais. Comines, peu suspect de partialité en faveur de son ancien maître, est d'accord avec eux.

En somme, la bataille de Granson n'eut pas l'importance qu'on lui donne ordinairement. La preuve en est dans le mécontentement de Louis XI qui, informé aussitôt par ses postes, n'hésita pas à dire « qu'il lui fâchait que les Bourguignons eussent perdu si peu de gens. » On n'eut à déplorer la mort que de sept gentilshommes en tête desquels nous devons signaler Louis de Chalon, seigneur de Château-Guyon, l'un des descendants du dernier comte héréditaire de Chalon, Jean-le-Sage. Parmi les soldats, on ne compta que 50 tués et 150 blessés du côté des Bourguignons ; les Suisses eurent 400 ou 500 hommes hors de combat.

C'était un motif pour que Charles-le-Hardi ne renonçât pas à ses projets. En quittant Granson, il ne s'arrêta que quelques instants à Jougne et gagna Nozeroi, ville qui appartenait au prince d'Orange, de cette même maison de Chalon que le seigneur de Château-Guyon, vassal si fidèle du duc de

Bourgogne. Celui-ci eut bien vite réuni et équipé une seconde armée, aussi forte que la première, nouvelle preuve que l'échec qu'il venait d'essuyer était sans gravité. Ses ressources restaient les mêmes ; aussi Louis XI n'osa-t-il pas se prononcer ni pour ni contre les Suisses. Le séjour que Charles fit à Nozeroy fut de courte durée. Son camp de concentration fut établi à Lausanne. C'est dans cette ville que le duc passa la semaine sainte; selon son habitude, il lava le jeudi saint les pieds à treize pauvres auxquels il fit ensuite une large aumône.

XI

Comme au mois de décembre précédent, l'entrée en campagne fut marquée par le siège de la ville, près de laquelle la bataille devait ensuite être livrée. Mais si à Granson l'armée bourguignonne n'avait essuyé qu'un échec insignifiant, à Morat elle périt presque tout entière. Longtemps le proverbe porta : « Cruel comme à Morat. » L'armée suisse s'élevait à près de 40,000 hommes; les Bourguignons n'étaient pas 20,000; ils avaient perdu la veille, au siège de la petite ville, la principale pièce de leur artillerie, appelée la *grande duchesse de Bourgogne,* ce qui, aux yeux du grand nombre, fut de mauvais augure.

La bataille s'ouvrit par un feu meurtrier. Charles soutint le choc avec sa bravoure accoutumée, à la tête de ses vaillants flamands et de ses gardes wallonnes. Mais de nouveau les Italiens lâchèrent pied et mirent le désordre dans tous les rangs. Leur chef, le prince de Tarente, avait quitté, presqu'à la veille du combat, le corps d'armée qu'il commandait.

Il y avait un an qu'il était auprès du duc, dans l'espoir d'obtenir sa fille, Marie de Bourgogne. Lassé d'attendre, il demanda un sauf-conduit à Louis XI qui s'empressa de l'accorder. Ce prince était à Lyon ; grâce aux estaffettes qu'il avait établies de cette ville à la frontière, il fut aussitôt informé de la nouvelle défaite de son adversaire (21 juin 1476) ; il ne dissimula pas la joie qu'il en éprouvait. Le butin que les Suisses recueillirent fut moindre encore qu'à Granson ; mais ils égorgèrent des multitudes de combattants qu'un mouvement tournant leur avait livrés sans défense possible. Ils restèrent trois jours sur le champ de carnage pour bien constater leur victoire et pour enterrer les morts. Cette place reçut le nom d'*Ossuaire des Bourguignons ;* la chapelle commémorative, renversée en 1798 par un régiment de Dijonnais, portait une inscription dont voici la traduction : D. O. M. *L'armée de Charles, très célèbre et très courageux, duc de Bourgogne, assié-*

geant Morat, taillée en pièces par les Helvètes, a laissé ici ce monument, l'an 1476.

Cet hommage rendu à la vaillance de nos ancêtres était mérité. Quoique cruellement trompé dans ses calculs, leur chef intrépide ne perdit rien de son entrain. Aux états du comté de Bourgogne, assemblés à Salins, il dit qu'il ne fallait pas se laisser abattre par la mauvaise fortune, que les anciens Romains, pour n'avoir pas perdu courage après la bataille de Cannes, étaient devenus maîtres du monde ; que les Bourguignons qui jadis avaient vaincu les Romains ne devaient pas montrer moins de constance et de fermeté, que pour lui il était de la race de Philippe-le-Hardi, de Jean-sans-Peur et du duc Philippe, le plus vaillant prince de son temps ; qu'il n'était pas non plus si dénué de ressources que ses ennemis affectaient de le dire. Il parla encore de ce royaume de Bourgogne qu'il voulait établir pour le bien et l'honneur de ses sujets. MM. les députés ne se laissèrent point éblouir par ce beau langage ; ils se bornèrent à garnir la frontière de troupes, en prévision d'une attaque des Suisses.

Les états du duché, réunis à Dijon, ceux des Flandres et du Brabant montrèrent moins d'enthousiasme encore pour cette guerre, que les uns et les autres jugeaient peu nécessaire. Mais Charles n'était plus libre de reculer ; fier comme il était, il ne voulait ni se plaindre ni être plaint.

Il transporta son camp près du château de Rivière, afin de garder les passages du Jura. Chaque jour, quelque mauvaise nouvelle venait accroître son dépit ; mais ce qui lui causa la peine la plus cuisante fut la capitulation de Nancy (6 octobre 1476). Il s'était mis en route pour secourir cette ville qu'assiégeait déjà René, duc de Lorraine ; malheureusement il arriva trop tard. Nancy était retourné à son ancien duc. Charles entreprit aussitôt de reprendre la future capitale de son royaume. René, hors d'état de livrer bataille, s'en alla presque seul chez les Suisses chercher une armée. On raconte qu'un jour, comme il entendait la messe dans une église, une pauvre femme lui jeta une bourse remplie d'or, en disant : « Tenez, Monseigneur, voilà pour aider à notre défense. » Les troupes que le prince lorrain recruta en Suisse, se mirent en route, le jour de Noël 1476, ayant à leur tête le jeune duc, qui la hallebarde sur l'épaule, fit toute la route à pied, malgré le froid et la neige.

Pendant ce temps, Charles-le-Hardi voyait venir à lui les débris de son ancienne armée et de nouvelles recrues ; il avait accordé la noblesse à plusieurs familles de bourgeois et de marchands et réussit par là à grossir le nombre de ses partisans. Mais le campement bourguignon était sans cohésion ; chefs et soldats manquaient de tout et souffraient du froid et de la faim. On proposa à Charles de lever le siège et de se retirer devant des forces triples des siennes, pour attendre le printemps. Le Téméraire répondit qu'il ne fuirait jamais devant un enfant et que l'on verrait qui de lui ou d'un jeune chevalier errant trouverait la fève dans le gâteau des Rois.

On était aux approches de l'Epiphanie. « Le duc René se campa à Beneville, dit Faber, le troisième de l'an 1477, à la tête de 20,000 Suisses et Alemans, frais et robuste, et de 500 François, sous le seigneur de Crane (Craon). Louis XI essaye de se mettre à couvert du reproche qu'on auroit pu lui faire de cette infraction à la trève de neuf ans (signée avec le duc de Bourgogne), par faire courre le bruit que ces 500 lances n'étaient que des déserteurs de son armée. Mais ceux qui savoient qu'il avoit fait compter une pistolle à chaque suisse et qu'il avoit répondu du reste de la paie, dissipoient aisément cette poussière qu'on leur jetoit aux yeux. »

Le 5 janvier, dès la pointe du jour, Charles, monté sur un beau cheval de bataille, s'avança à la rencontre de l'ennemi. Déjà les deux armées étaient en présence et sur le point d'en venir aux mains quand le comte de Campo-Basso, arrachant son écharpe rouge et sa croix de Saint-André qui étaient les insignes de son haut commandement, passa dans le camp de René de Lorraine avec toute sa troupe, malheureusement recrutée en Italie pour la plus grande part. Le misérable transfuge osa parler de la fidélité qu'il avait montrée autrefois à la maison d'Anjou. Mais ni René ni ses alliés ne voulurent qu'un traître combattit dans leur rang et Campo-Basso dut se retirer du champ de bataille. Cette défection réduisit l'armée bourguignonne à quelques milliers de combattants ; ces braves ne se ralentirent en rien de leur ardeur. Le duc de Bourgogne volait de rang en rang et donnait ses ordres, comme s'il avait eu encore l'espérance de vaincre ; ses fidèles tombaient à ses côtés en cherchant à lui faire un rempart de leur corps.

Notre Charles intrépide, et, nous l'avons vu, selon le mot de Faber, « jusqu'à la fin hardi », disparut dans cette mêlée furieuse, sans que l'on sut au juste comment et par quelle main il avait reçu le coup de la mort. Son page, avant de tomber lui-même, l'avait vu s'élancer comme un lion, mais avait ensuite cessé de l'apercevoir. René, pour connaître quelle route il avait prise, envoya des messagers dans toutes les directions : on finit par découvrir son cadavre près du ruisseau où son cheval s'était embourbé et où notre héros était tombé, mortellement percé de plusieurs coups de hallebarde.

Les chroniqueurs ont fait la remarque que sa fille, la douce et pieuse Marie de Bourgogne, devait trouver la mort plus tard, dans des circonstances presque semblables. Cette princesse suivait dans les environs de Bruges la chasse du héron, « qui faisoit, dit Faber, son charme singulier. Se voïant en rase campagne, elle donna la liberté à son cheval. Comme la bête se portait ardemment à la course, les sangles de la selle venant à se rompre, la duchesse fut rudement jetée par terre ; elle se sentit vivement blessée ; mais la pudeur naturelle et la crainte de contrister son mari firent qu'elle dissimula trop longtemps son mal... » Elle mourut le 27 mars 1482, âgée de 25 ans. « Jamais princesse, reprend Faber, ne fut plus regrettée de ses bons sujets ; et, en effet, elle avait toutes les qualités aimables. La beauté, la bonté, la jeunesse, la piété, la libéralité, la douceur et toutes les autres vertus qui achèvent une dame chrétienne. » Le duc Charles-le-Hardi, son père, ne laissa pas de moindres regrets en Bourgogne et dans les Flandres. Sous des dehors austères, il cachait un cœur bon, juste et compatissant.

Ce ne fut que le troisième jour que l'on put retrouver son cadavre. Son médecin, « Mathieu le loup », et son page, Baptiste Colonna, aidés de Denis, son chapelain, et d'Olivier de la Marche, son chambellan, le reconnurent à plusieurs signes particuliers et à une blessure qu'il avait reçue à Montlhéry. Il était horrible à voir ; la tête fendue jusqu'aux dents avait été à moitié dévorée par les animaux carnassiers ; tout le corps gonflé par la gelée était couvert de sang caillé.

« Qu'on se figure, dit un chroniqueur, la douleur de ses serviteurs fidèles à la vue des restes mutilés de leur maître, naguère si puissant et si redouté ! » Ses ennemis mêmes furent émus d'un si cruel spectacle. Seul Louis XI en témoigna une joie honteuse ; il eut l'impudence de citer le prince défunt à son tribunal en même temps que Marie de Bourgogne ; mais il souleva contre lui une telle indignation qu'il n'osa poursuivre ce procès monstrueux.

Bien différente fut la conduite de René, duc de Lorraine, le vainqueur du 5 janvier 1477. Ce jeune et généreux prince fit transporter le corps de son ennemi à Nancy, où il fut exposé solennellement, six jours, dans une chapelle ardente tendue de satin noir. Charles avait la tête ornée d'une couronne ducale, les épaules couvertes d'un manteau cramoisi, les pieds chaussés de houzeaux d'écarlate et des éperons dorés. Au bout des six jours, on conduisit sa dépouille mortelle à l'église Saint-Georges « son tutélaire », dit Faber. René, vêtu de sa cote de mailles, d'un long manteau de deuil et portant pour marque de sa victoire une longue barbe d'or, selon l'usage des Romains et des anciens preux, vint jeter de l'eau bénite sur le corps du malheureux prince ; il lui prit ensuite la main, la baisa. « Ah ! cher cousin, dit-il, les larmes aux yeux, Dieu veuille avoir votre âme ! » Il ne se retira qu'après avoir fait une longue prière.

Le cortège des funérailles fut splendide. Le corps de Charles-le-Téméraire resta à l'église de Saint-Georges à Nancy, jusqu'à l'année 1550, où Charles-Quint, son petit-fils, le redemanda à la duchesse douairière de Lorraine, pour lui ériger un tombeau, à Bruges.

« Toutefois, ajoute Faber, comme il (Charles) étoit fort aimé des siens, le peuple s'imagina qu'il s'étoit sauvé et qu'il s'étoit allé cacher dans un hermitage, d'où il devait revenir après 7 ans. Ce bruit prévalut tellement que plusieurs prêtoient de l'argent à rendre quand il reviendrait ». « Dix ans après, reprend de Barante, il y avait encore des gens qui faisaient la gageure qu'on allait voir reparaître ce grand duc Charles et des marchands livraient leurs denrées gratuitement sous condition qu'on leur paierait le double lors de son prochain retour ». Cette croyance contribua encore à accroître sa renommée et à en faire une sorte de personnage merveilleux qui devint de suite le sujet continuel des entretiens populaires et plus tard un thème fécond pour les romanciers français et étrangers.

Nous terminons notre récit par ces lignes de Faber : « Charles n'était alors âgé que de 44 ans, d'un mois et de 25 jours. Il étoit d'une médiocre stature, et plus petite que celle de son père. Il avoit le corps ferme, la charnure succulente, le visage un peu long et grossissant au bout. La longueur du menton lui étoit héréditaire. Son teint étoit de couleur de cendre et son poil brun. Jamais personne ne supporta plus patiemment les travaux de la guerre. Filippe de Comines qui l'a familièrement pratiqué... avoue de bonne foi ne l'avoir jamais vu branler pour aucun péril ou par quelque accident que ce fut.

« Les chrétiens n'avoient point alors de Prince ni plus guerrier, ni de plus vaste dessein. Il ne machinoit rien moins que les Alexandre et les Charlemagne ; mais Dieu lui fit savoir qu'il est le maître du fort.... Il copioit tellement son aïeul Jean-sans-Peur qu'un métempsicosiste auroit juré que l'âme de Jean avoit passé au corps de Charle. Ils étaient tous deux intrépides et ambitieux. »

INDEX ANALYTIQUE

AUTEURS CONSULTÉS. — Mémoires de sire Philippe de Comines. — Mémoires de Messire Olivier de la Marche. — Chronique du bon chevalier Messire Jacques de Lalain (Collection Delagrave), g¹ in-8°, Dom Plancher. Histoire de Bourgogne, tome IV. — Description du duché de Bourgogne, par Courtépée, 2ᵐᵉ édition, 1ᵉʳ et 4ᵉˢ vol. — De Barante, histoire des ducs de Bourgogne de la maison de Valois, du 9ᵉ au 12ᵉ vol. — L'Histoire des ducs de Bourgogne, par M. de Faber, 2 vol. in-12, 1639. — Dépêches des ambassadeurs milanais sur les campagnes de Charles-le-Hardi, 2 vol. in-8°, traduction du baron de la Sarra, Paris, 1858.

CHAROLLES, IMP. DE " L'ÉCHO DU CHAROLLAIS "

www.ingramcontent.com/pod-product-compliance
Lightning Source LLC
Chambersburg PA
CBHW061410060726
47597CB00003B/1016